731부대
역사의 법정

비인도적 잔학 행위

731부대
역사의 법정

비인도적 잔학 행위

발　행	2025년 8월 15일 (초판1쇄)
지은이	김월배, 림화
발행인	최영민
발행처	피앤피북
인쇄처	미래피앤피
주　소	경기도 파주시 신촌로 16
전　화	031-8071-0088
팩　스	031-942-8688
전자우편	hermonh@naver.com
출판등록	2015년 3월 27일
등록번호	제406-2015-31호
ISBN	979-11-94085-59-1 (03800)

- 이 책의 정가는 뒤표지에 있습니다.
- 헤르몬하우스는 피앤피북의 임프린트입니다.
- 이 책의 어느 부분도 저작권자나 발행인의 승인 없이 무단 복제하여 이용할 수 없습니다.

광복 80주년,
731 부대의 흔적을 오롯이 찾아가는 여정

731 부대
역사의 법정

비인도적 잔학 행위

김월배 · 림화 공저

일러두기

1. 외국어(중국어, 일본어, 영어 등)나 한자를 한글과 함께 기록해야 할 경우, 한글을 먼저 쓰고 뒤 '( )' 안에 외국어를 표기했다.
   예시: 이시이 시로(石井四郎)
2. 외국의 지명과 인명은 한글 뒤 '( )' 안에 원문을 표기했다.
   예시: 하얼빈(哈尔滨), 이시이 시로(石井四郎)
3. 외국인 인명을 표기할 때 줄여 쓰지 않고 성과 이름 모두 함께 표기했다.
   예시: 이시이(石井) (X) → 이시이 시로(石井四郎)(O)
4. 외국의 지명과 외국인 인명은 국립국어원의 외래어표기법에 따라, 원어(중국어, 일본어 등)의 발음의 체계로 표기했다.
   예시: 석정사랑(石井四郎) (X) → 이시이 시로(石井四郎)(O)
   　　　합이빈(哈尔滨) (X) → 하얼빈(哈尔滨)
5. 한자로 표기된 자료의 경우, 일본어 자료는 번체자로, 중국어 자료는 원자료에 따라 번체자 또는 간체자로 표기했다.
   예시: 〈論争: 731部隊〉〈惡魔の飽食〉 - 일본어
   　　　〈细菌战与毒气战〉 - 중국어
6. 원문 중 판독이 불가능한 경우, '(미상)'으로 표기했다.
7. 원문 중 빠진 글자(缺字)는 'ㅁ'으로 표기했다.
8. 731, 731 부대, 제731 부대 모두 이시이 부대(石井部隊)를 의미한다. 책명, 작품명, 사건 등 원문을 살려 그대로 표기하였다.
9. 독자의 이해를 쉽게 하기 위해, 본문 내용의 중복이 있다.
10. 731 부대는 일본 제국주의 '이시이 부대(石井部隊)'를 의미하며, 731 진열관은 '침화일군제731부대죄증진열관(侵華日軍第731部隊罪證陣烈館)'의 박물관을 칭한다.
11. 인체실험(人體實驗)은 '살아있는 인간을 대상으로 그 체외적 또는 체내적으로 실험'을 의미한다. 즉 몸이 살아 있는 상태로 실험한다고 정의할 수 있다. 생체실험이라 불리지만, 인체실험으로 용어를 통일한다.
12. 특별이송, 특별운송, 특별수송, 특수운송, 일본문자 〈특이급, 特移扱〉이다. 모두 피실험자, 즉 마루타(통나무)라고 불리는 인체실험 대상자를 의미한다.

목차

저자의 말 … 7

1부 죄증(罪證) … 11

제1장 아! 얼빈, 하얼빈 … 15
제2장 이시이와 기타노 … 20
제3장 살인공장의 탄생 … 36
제4장 세균과 인체실험, 특별이송 … 50
제5장 역사의 지우개 … 80

2부 증언(證言) … 101

제6장 흔적, 역사는 솟구쳐 올라와 … 103
제7장 죽은 자는 말한다 … 131
제8장 산자여 말하라 … 138
제9장 의학과 윤리(생명과 의학) … 142

3부 대화(對話) … 151

제10장 왜, 731을 찾아오는가? … 153
제11장 한국과 731 부대 … 156

4부 관리(管理) ··· 169

제12장 현장 보호와 사료는 관리의 핵심 ··· 171
제13장 판도라의 희망을 지키는 사람들 ··· 178

5부 미래(未來) ··· 183

제14장 세계문화유산 등록을 위해 ··· 185
제15장 역사 화해는 가능한가? ··· 189
제16장 봉인된 미래 : 평화 ··· 202

부록 : 731 부대 연표 ··· 207

저자소개 ··· 256

저자의 말

올해는 광복 80주년이자, 하얼빈 이시이 세균연구소(石井細菌研究所) 설립 92주년이다. 일왕 비준인 1936년 5월 30일 기준으로는 89년이 된다. 안중근 의사와 윤봉길 의사께서 그토록 염원했던 독립, 광복도 80년이 되었다. 독립운동가(항일운동가)의 고귀한 순국으로 한국과 중국은 아시아의 선도 국가를 넘어, 세계 중심 국가가 되었다. 아시아 문화가 세계를 선도하는 지금이 되었다.

이시이 부대 또는 731 부대로 불리는 일본 군국주의 만행은 '살인공장', '악마의 포식자', '세균전 부대', '세균전 대본영', '마루타', '인체실험' 등 다양한 호칭으로 평가불린다. 인간의 양심과 본질에 정면 도전한 행위이다.

일본 군국주의 스스로 부끄러워서 역사에서 지우려고 했던 역사의 만행, 편린에 퍼즐을 완성한, 양심적인 일본인에 의해서 땅속에 묻혔던 불편한 문명국가 일본, 가부키로 가렸던 맨얼굴이 세상에 드러났다. 현대 문명에서 선진국으로 자부했던 국가는 부정하기에 바쁘다. 공식적으로 부정할수록 역사의 판도라에서 튀어나와 수습할 단계를 넘어섰다.

저자들은 광복 80주년을 맞이하여 731 부대 궤적을 정리하였다. 그 기록을 찾아 20살 꽃다운 나이에 731 진열관을 알린 지 사반세기 이제는 불혹의 나이가 훌쩍 넘은 림화 주임, 중국에서 안중근 연구와 하얼빈을 제2의 고향으로 둔 지 20여 년 넘은 김월배 교수, 모두 진실을 밝히려는 일념으로 핑팡구의 사료를 뒤적였다.

731부대 궤적은 하얼빈과 한국 중심으로 서술하였다. 731 부대 흔적을 오롯이 찾아가는 것은 자유와 평화를 계승 발전시켜 나가는 평화를 사랑하는 사람들의 과업이라 할 것이다.

이 책은 현장을 사랑하고, 현장이 답이라는 생각을 가진 세 사람의 경험을 기록했다. 책이나 논문을 들고 찾아가는 현장엔 늘 새로운 이야기가 있었다. 하지만 선행연구는 전문서적 중심으로 해석에 어려움이 있다. 대중들에게 좀 더 쉽게 다가가고자 되도록 짧게 글을 쓰고, 사진을 곁들여 한국인과 중국인 마음속에 731 부대를 이해시키고자 지면을 할애하였다. 여기에는 731 부대의 과거와 현재, 미래를 기술하였다.

'여산진면목(廬山眞面目)'이라는 말이 있다. 일본 군국주의 731 부대 만행이 잔학하고, 숨겨진 진실이 많아서 참모습을 파악하는 데 어려움이 있었다. 그래도 광복 80주년을 맞아 731 부대의 진상과 현시대를 살아가는 사람들에게 주는 의미를 독자들에게 전하고자 한다.

이 책을 쓰는 과정에는 많은 도움이 있었다. 저자들이 직접 촬영한 사진과 자료 확보 외는 '침화일군제731부대죄증진열관'의 장위에(張伟), 왕위밍(王宇

萌), 단티엔(譚天), 단리(譚丽)의 도움이 컸다.

　이 책을 쓰는 동안 순난자의 영혼이 몸에 스며드는 듯한 느낌에 휩싸인 때가 적지 않았다. 그래서 때로는 이성보다 감성이 앞서는 과도한 서술이 있으리라 여겨진다. 독자 여러분들이 너그럽게 보시고, 가감하면서 읽어 주시길 바랄 따름이다. 졸저를 쓰는 과정에서 선행 연구자의 자료를 상당 부분 활용하였다. 앞서 길을 밝혀주신 노고에 감사드리며 행여 잘못이 있으면 너그럽게 용서를 구한다. 그저 감사할 따름이며, 이 책을 731 부대에서 순난(殉難)되신 영혼 앞에 올린다.

　　　　　　　　　2025년 8월 광복 80주년, 731 부대 건립 91년을 맞아

　　　　　　　　　　　　　　　　　　김월배, 림화 쓰다.

제1부
죄증(罪證)
: 731 부대, 인류 보편적 가치의 배반

'누구도 고문 또는 잔혹하거나 비인도적이거나 굴욕적인 처우 또는 형벌을 받지 아니한다. (No one shall be subjected to torture or to cruel, in human or degrading treatment or punishment)' 세계 인권선언 5조의 내용이다. 세계인권선언은 제2차 세계대전에서 일어난 인류의 야만적 범죄에 대한 성찰로, 개인의 자유와 권리를 진술하였다.

1948년 12월 10일 제3차 유엔총회에서 모든 인간의 기본적 권리를 존중해야 한다는 유엔헌장 취지를 반영한다. 세계 인권선언 전문은 "모든 인류에 천부의 존엄성과 동등하고 양보할 수 없는 권리를 인정하는 것이 세계의 자유, 정의 및 평화의 기초이며~(후략)"로 시작한다. 이에 정면으로 위반되는 사건이 중국 하얼빈에서 일어났다. '비인도적 잔학 행위' 침화일군제731부대죄증진열관(이하 侵華日軍第731部隊罪證陣烈館), 731 진열관) 에 입장하는 순간 보이는 문구이다. 이후 서술은 관동군제731부대 방역급수부(防疫給水部) 이시이 부대(石井部隊)는 '731 부대(731部队)'로 약칭하였고, 침화일군제731부대죄증진열관은 '731 진열관'으로 간략히 서술하였다.

'하얼빈 교외에 남겨진 현대사의 오점' ≪논쟁: 731 부대 論爭: 731部隊≫, 松村高夫編, 晩聲社(1994년)의 머리말에 있는 문장이다. 오점이라 말하고 책의 제목을 논쟁으로 뽑았다. 무슨 의미인가? 의문이 들었다. 오점인데 왜 논쟁이 되는가? 일본인의 사고방식인가? 머리말에는 이렇게 밝히고 있다. 〈논쟁〉은 학문적 의미가 아닌, 법정에서 증언의 대결 기록으로서의 논쟁이라는 뜻이다.

우선 마쓰무라 다카오(松村高夫)는 누구인가? 1991년 9월 9일에 731 부대를 증언하였다. 동경고등재판소(공소심)의 증언대에 섰다. 이 증언 체험기가 바로 ≪논쟁: 731 부대≫ 기술 내용이다. 첫 일성으로 '하얼빈 교외에 남겨진 현대사의 오점'이라 했다. 또한 '명백한 악마의 포식 사례'라고 기술하였다. 오점의 의미를 기억하고, 기록하는 것 이것이 죄중일 것이다.

　또한, 다나카 칸(田中寬)은 731 부대를 '마이너스의 유산'이라 하였다.[1] 그리고 부정할 수 없는 사실이라 적시하였다. 아울러 인류의 역사에서 세균전과 화학전을 일본군이 실제 행했다는 사실을 정확히 알고 있으며, 역사적 사실을 눈으로 보고 올바르게 교육해야 한다고 기술하였다. 전술한 연구자는 가해국가 일본인의 시각으로 본 731 부대에 대한 진솔한 평가이다.

　731 부대 존재는 인류의 보편적 가치인 인권을 유린하고, 평화를 파괴한 생생한 역사적 오점의 교과서이자 증거이다. 지금은 노천 박물관이자, 구부러진 역사의 상징이다. 일본이 8.15 패망 후 은폐와 폭격으로 역사에서 지웠던 731 부대가 다시 역사에서 솟구쳐 나와, 세계 인류 전쟁사의 참혹한 잔상을 생생한 형태로 보여준다. 문명국을 표방하는 일본의 두 얼굴, 그리고 실험 결과를 거래한 미국이 있었다.

　이제, 진실의 역사로 들어가 보자.

---

1) 田中寬, ≪〈負〉의 遺産을 越어서: 731部隊 독가스전 만주국≫, 2004년, 초고본

제1장
아! 얼빈, 하얼빈

'하얼빈' 하면, 대부분 빙등제와 추운 겨울 동토의 땅 빙청, 동방 모스크바 그리고, 대한민국 독립운동의 성지 평화주의자 안중근 의사를 떠 올린다.

하얼빈(哈尔滨/哈爾濱)의 '哈'는 한국식으로 발음하면 '합'으로 읽는데 '물고기가 많은 모양의 합'이란 뜻이다. '尔(爾)'은 한국어로는 '이'로 발음하고 너, 그를 뜻하는 한자이다. 마지막으로 '滨(濱)'은 '빈'으로 발음하며 '물가'라는 뜻이다. 즉, 물고기가 많은 물가라는 의미가 되는데 하얼빈의 쑹화장(松花江)과 관련이 깊다. 만주어(滿語)로 '그물을 말리는 곳(晒网场)'이라는 뜻이다. 하얼빈의 별칭은 기온과 국제도시에 따라 다양하게 불린다. '빙청(氷城)', '동방소파리(동방의 작은 파리, 東方小巴黎)', '동방모스크(동방의 모스크바, 東方莫斯科)'로 불린다. 100여 년 전 여러 국가의 외교 무대로서, 영사관이 설치되어 유럽풍 건축물이 많다.

하얼빈의 배경은 러시아와 일본의 영향으로 역사적 유산이 많다. 우선 하얼빈을 부르는 또다른 이름인 동방 모스크(東方莫斯科). 하얼빈은 러시아의 조차지[2] 역사로 인해 러시아 건축 양식뿐 아니라 러시아

문화들이 남아 있다. 청일전쟁(1894~1895)에서 패배한 청은 일본과 마관조약(시모노세키조약)을 체결하였고 조약 내용 중 하나인 랴오둥(辽东) 반도를 일본에 할양하게 되었다. 러시아는 일본이 중국에서 세력이 커지는 것을 막기 위해 독일과 프랑스의 지지를 얻어 일본에게 청일전쟁으로 점령하게 된 랴오둥 반도를 다시 중국에 반환하게 하였다. 이를 계기로 러시아는 중국에게 여러 가지를 요구하였는데, 그중 하나가 1896년에 모스크바에서 체결한 중·러밀약(中俄密約)이다. 이를 통해 러시아는 북만주를 통과해서 블라디보스토크에 이르는 철도 부설권을 얻게 되었다[3]. 쑹화장(松花江) 오른쪽 기슭의 작은 어촌 마을이었던 하얼빈에 러시아의 동청철도(東淸鐵路) 건설로 인해 러시아 공사 기술자들과 노동자들, 그들의 가족들이 들어오면서 러시아 문화가 유입되었다.

---

2) 조차지租借地 : 한 나라가 다른 나라로부터 빌려 통치하는 지역

3) 중러밀약 내용 중 러시아의 철도 부설권에 대한 내용 "第四款 今俄国为将来转运俄兵御敌并接济军火、粮食, 以期安速起见, 中国国家允于中国黑龙江、吉林地方接造铁路, 以达海参崴。惟此项接造铁路之事, 不得借端侵占中国土地, 亦不得有碍大清国大皇帝应有权利, 其事可由中国国家交华俄银行承办经理。至合同条款, 由中国驻俄使臣与银行就近商订。"

▲ 1932년 하얼빈역 부근(항공 촬영)

 헤이룽장성(黑龙江省)의 성도[4]이며 중국 동북 지역의 정치, 경제, 문화 중심지인 하얼빈은 한국과 같이 아픈 침략의 역사가 있다. 일본 침략의 아픔으로 하얼빈은 또 다른 인연으로 다가온다. 일본 제국주의가 1905년 러・일전쟁 후 뤼순과 다롄지역을 강제조차 하면서 동북 지역은 일본 침략의 손아귀에 있었다. 그리고 1930년대 하얼빈은 이미 국제 문화가 융합된 도시였다. 전략적으로 중요하였다. 당시 인구는 일본인 3,910명, 조선인 1,422명과 외국인(주로 러시아인) 69,987명, 그리고 309,253의 중국인이 거주했던 국제화의 도시였다. 주요 밀집 거주

---

[4] 1923년까지는 치치하얼이 성도였다. 치치하얼은 하얼빈에서 북쪽으로 300km가 떨어져 있는 중공업 도시였다.

지는 쑹화장변의 부두 지역이었다. 1932년 〈하얼빈 매일신문〉에 의하면, 1/4판 신문에 주요 광고는 연극, 영화, 가무잡기 등 공연 목록이 있었다. 즉, 음악과 예술의 도시였다.

1905년 러·일전쟁 후, 뤼순을 기점으로 만주 침략의 교두보를 두고 있던 일본 제국주의는 1929년 미국 세계 대공황으로 일본 경제에 직접적인 영향을 받았다. 1930년 일본 경제 위기로 실업 인구 증가, 일본 내 경제 불안에 대한 불만을 일본 외부로 돌리기 위하여, 일본 군부는 중

▲ 1931년 9월 18일, 일본 관동군 9.18 사변 당시 철도 폭파지점

국 동북의 강점 점령계획을 위해 정보를 수집하였다. 그리고 1931년 만주 사변을 일으켰다. 1931년 9.18 만주 사변으로 동북 지역은 일제의 침략 하에 위만주국을 두고 강제 점령되었다. 1932년부터 하얼빈은 일본 제국주의 통치가 시작되었다. 동북 지역 특히 하얼빈에 일본의 군사적 모험을 강행하기 위하여, 731 부대를 설립하였다. 1937년 중일 전쟁, 1941년 태평양 전쟁 확대는 731 부대의 전쟁을 위한 세균 생산과 제조를 늘리게 되었다.

이러한 일련의 역사는 동북 지역 전역에 일본 제국주의의 충격적인 민낯이 남는다. 그 중심에 731 부대가 역사의 문을 열고 전면에 등장한다.

▲ 1932년 2월 5일 하얼빈 함락, 하얼빈을 침공하는 일본 관동군

제2장
이시이(1대, 3대 부대장: 일본 특권 집안의 아들)와
기타노(2대 부대장)

　이시이 시로(石井四郎 1892~1959), 67세의 삶은 인류 역사의 큰 오류, 인간이 이룬 만행 DNA의 본보기로 점철된다. 이시이는 일본 동북 치바현(千葉顯)에서 태어났다. 1892년은 일본 역사에서 중요한 서막의 시기였다. 1868년 메이지유신(明治維新)으로 근대를 출발시켰던 일본은, 섬나라에 갇혀 있던 야욕에 이빨을 드러내기 시작한 시기였다. 후쿠자와 유기치(福澤諭吉, 1835~1901)는 1885년(메이지 18년) 3월 16일 〈시사신보(時事新報)〉 사설에서 탈아론(脫亞論)을 주장하였다.

　'오늘날의 인접 국가와 관계를 도모함에 우리나라(일본)는 이웃 나라의 개명을 기다려 아시아를 흥하게 할 여유가 없다. 오히려 그 대오에 탈피하여 서양의 문명국들과 진퇴를 같이하여 저 지나(支那_역자:일본이 강점기 중국을 표현하는 말)와 조선을 대하는 법도 이웃 나라라고 해서 특별히 사이좋게 대우해 줄 것도 없고, 바로 서양인이 저들을 대하듯이 처분을 하면 될 뿐이다. 나쁜 친구를 사귀는 자는 더불어 오명을 피할 길이 없다. 우리는 마음속으로 아시아 동방의 나쁜 친구를 사절해야 한다.'라고 하였다. 이는 일본이 구미 열강의 일원으로 참가하여, 조선이나 청에 대해서 전쟁이 필요하다면 불사하자는 분위기를 고

조시키는 역할을 하였다. 바로 1894년 청일전쟁으로 이어졌다. 일본의 아시아 침략의 서막으로, 중국과 조선에 대한 역사 비극의 시작이자, 일본 침략 가해자 역사의 DNA가 다시 발동한 것이다.

▲ 731 진열관에 소개된 이시이 시로

이처럼 군국주의 초기에 태어난 사람이 이시이 시로였다. 이시이 시로 고향은 지금 치바현 당시 가모(加茂)라 불리는 마을이다. 지금의 시바야마쬬(芝山町)이다. 이시이는 넷째 아들이었다. 두 명의 형도 하얼빈 핑팡의 731 부대에서 복역하였다. 이시이 개인을 넘어 가족 차원의 가해자였다. 이시이의 부친, 이시이 가쓰로(石井桂)는 화족(카조쿠, 華族) 출생이었다. 화족은 일본 메이지유신과 제2차 세계대전 사이에 존재한 귀족 계층이다5). 메이지 유신 이후 사농공상의 신분 제도를 개

제1부 죄증(罪證) 21

편하면서 생긴 새로운 신분이었다. 당시 유력한 정치인들과 고위계층(다이묘)을 화족으로 분류했다. 화족 대우자는 같은 호적에 있는 사람들이다. 화족 집안에서 출생해도 차남부터는 분가하면 평민 취급을 받았다. 화족은 대략 150명 정도였다. 화족은 도쿠가와 가문 종가, 공훈이 있는 다이묘 가문으로 메이지유신을 주도한 사쓰마번(현 가고시마현 가고시마시) 번주 시마즈(島津) 종가와 조슈번의 번주 모리(毛利)에 해당되었다. 1947년 새 헌법이 제정으로 화족 제도는 사라졌다. 그 후 평민으로 전락했다. 예로 안중근 의사에 주살(誅殺[6]))을 당한 이토 히로부미(伊藤博文, 1840~1909)도 화족이다. 이시이 시로의 부친은 다이묘(大名) 출신이다.

1869년 메이지유신 이후 다이묘 제도가 폐지되었고 왕권이 복권되었다. 1600년부터 사실상 일왕의 단독 통치가 불가능했지만, 이를 계기로 일왕의 명의상 권력을 획득한 것이다. 일왕은 일본인 마음속의 신(神) 같은 존재였다. 화족 제도는 폐지되었지만, 대다수 권리는 지속되고 있었다. 일본 화족 150명은 부친의 토지를 소유할 수 있었다. 후에 이시이 시로도 토지를 매각하여 생물무기 연구의 자금으로 사용하였다. 이러한 권리를 지닌 집안에서 이시이 시로는 1892년 6월 25일 태어났다. 화족의 아들로 태어났지만, 넷째로서 화족의 권리 승계가 존

---

5) 카조쿠(화족): 1869년(메이지 2년)에 설립되어 1947년(쇼와 22년)까지 존재한 근대 일본의 귀족계급이다. 1947년 5월 3일 〈일본국 헌법〉 제14조 제2항은 '화족 그 외 귀족의 제도는 이를 인정하지 아니한다.'라고 규정되어 있다. 이 규정에 따라 화족 제도는 폐지되었다.
6) 주살은 죄를 물어 죽임을 당함.

재하지 않았다.

　1916년 이시이 시로의 교토제국대학(京都帝國大學) 입학은 인생을 변화시키는 중요한 선택이었다. 1924년 박사학위를 학습하고 혈청학, 세균학, 인체 병리학을 연구 방향으로 잡았다. 마침 그 해, 유행성 뇌염이 전국을 휩쓸었다. 1924년 9월까지 3,300명 넘게 사망하였다. 이는 이시이의 학위 논문 작성에 계기가 되었다. 교토제국대학에서 생물 무기 단체연구비로 4,800엔(円)을 책정하고 지원을 받았다. 그러나 1,200엔이 부족하였다. 이시이는 부친이 물려준 토지를 팔아, 개인 자금으로 충당하였다. 이시이의 성격을 보여주는 일화이다.

　이시이는 1927년 교토제국대학 병리학과에 95페이지의 박사학위 논문을 신청하였다. 논문 〈그람양성쌍구균연구(Gram陽性雙球菌硏究)〉[7]는 질병에 대한 세균이었다. 가가와현(香川縣)에서 발생한 뇌염의 원인이 바로 그람양성쌍구균이었다. 뇌염 발생의 원인이 세균에 의해서 일어난다는 것을 기술하였다. 7세의 병자와 60세 병자에 대한 논문이었다. 그리고 '여과를 거친 후에도 여전히 잔류 물질이 있다는 것을 발견했다. 이는 대단히 중요했다.[8] 전자 현미경 같은 설비로 바이러스를 관찰할 수 있는 원리이다.

---

[7] 그람양성균(Gram-positive bacteria)은 그람 염색에서 보라색으로 염색이 되는 세균을 말한다.

[8] Kenneths, peter (美)肯尼思. 波特(著), 龍苗(譯), ≪解密日本細菌戰歷史:軍醫中將石井四郎的故事≫, 中國平和出版社, 2015, pp30-31

石　井　四　郎　述　　(943)

ぐらむ陽性雙球菌ニ就テノ研究 (第1回報告)
細菌學的並ニ生物學的研究

京都帝國大學醫學部微生物學教室(主任　清野敎授)

大學院學生
醫學士　石　井　四　郎

目　次

緒　言
第1章　從來現ハレタルぐらむ陽性雙球菌ニ關スル菌學ノ一班ニ就テ
第2章　症例病歷、屍體剖檢所見及ビ組織學的所見並ニ採取檢查材料
第3章　細菌學的檢查
　第1節　細菌分離ニ關スル手技
　第2節　分離シ得タル余ノぐらむ陽性雙球菌ニ就テ
　第3節　分離菌ノ形態及ビ大サニ就テ
　第4節　染色特ニぐらむ染色ニ對スル分離菌ノ態度ニ就テ
　第5節　分離菌ノかぷせる及ビ芽胞ノ有無ニ就テ
　第6節　分離菌ノ鞭毛及ビ固有運動ノ存否ニ就テ
　第7節　分離菌ノ一般發育狀態ニ就テ
　第8節　分離菌ノ培地上ニ於ケル所見ニ就テ
　　1, 固形培地ニ於ケル所見
　　2, 液體培地ニ於ケル所見
第4章　生物學的性狀檢查
　第1節　糖類醱酵作用
　第2節　溶血作用
　第3節　酸ノ生成ニ就テ
　第4節　いんどーる產生ニ就テ
　第5節　膽汁並ニたうるこーる酸曹達液溶解試驗
　第6節　抵抗試驗
　　1, 溫熱ニ對スル抵抗
　　2, 惡冷ニ對スル抵抗
　　3, 乾燥ニ對スル抵抗
　　4, 藥液ニ對スル抵抗
總括並ニ結論

緒　言

1915年末、佛國戰線ニ於テ發生シ、翌1916年末ヨリ1917年春ニ亘リテ維納ニ

▲ 이시이 시로 세균 및 생물학적 연구 논문

그해 아라키 기요코(荒木淸子)와 결혼하였다. 원래 1925년에 동거 상태에서 딸 하루우미(春海)를 낳았으며, 딸은 1945년 이시이가 하얼빈에 있을 때, 20살로 개인 비서 역할을 했다. 이시이는 1926년 교토제국대학 의원에 근무했다. 1928년 싱가포르, 이집트, 그리스, 터키, 이탈리아, 프랑스, 스위스, 독일, 포르투갈, 체크 슬로바키아, 덴마크, 스웨덴, 노르웨이, 폴란드, 소련, 하와이, 캐나다, 미국 등 유럽 일대와 아메리카 지역을 여행하였다. 당시 생물무기를 연구했던 국가였다. 1930년 보스턴 조사 시, 미국지역의 생물무기를 연구했으며, 대략 22개 국가를 여행하였다. 이는 생물무기의 발전 현황을 목도 했을 것이다. 2년간의 여행경비에 대해서는 여러 가지 의견이 있다. 개인 경비인가?

▲ 1921년 일본 도쿄 군의학교 방역연구실 모습

아니면 일왕의 비밀 경비인가? 아니면 군대 경비인가에 대한 논의였다. 이시이는 당시 매달 수입 80~90엔이었는데, 이시이가 신청한 경비는 6,000엔이었다.

1933년 일본은 생물무기에 대한 개념을 인식했다. 1933년 Major Leon Fox의 ≪세균전, 전쟁 중 생물약제의 사용: Bacterial warface, the use of Biological Agents in Warfare≫ 책이 발간되었다. 이시이가 생물무기에 대해 투자하던 시기로서, 영감을 받았을 것이다. 이시이는 신주쿠 도야마시(新宿 富山市)의 군의의학(軍医医学) 학교 방역 부문에 들어갔다. 군의의학 학교는 산간 지역에 위치하였다. 군대에서 군관으로서 일본 군대의 보호 아래 생물무기를 연구하였다. 현장시험과 사용 능력에 긴밀한 관련이 있었다. 1932년 육군군의학교 방역 연구실험실에 배속되어 근무하면서, 동시에 하얼빈시 핑팡(平房) 731 부대 기초건설 감독 책임을 맡았다. 매년 9개월간 핑팡에 거주하고, 나머지 3개월은 동경에 거주하며, 731 부대 신청 경비, 인원 모집을 하였다. 731 부대 군의이자 방역 연구실험실 의사를 겸직하였다.

1932년 당시 이시이는 하얼빈 핑팡에서 관동군 중좌의 신분이었다. 또한 도쿄 육군군의학교 담임 의사였다. 이시이는 생물무기를 연구하면서, 2년을 보냈다. 1937년까지 이시이는 하얼빈 거주 5년이 된다. 이시이는 일본 해군 제독으로 청일전쟁과 러일전쟁에 참전한, 주요 전쟁광인 도고 헤이하치로(東郷平八郎, 1848~1934)의 추종자였다. 이시이 방역급수부대의 명칭은 도고부대(東郷部隊)라 불렀다. 도고를 기념하는 의미였다. 1936년 도고 헤이하치로가 사망 후 731 부대가 설립되었다. 이는 무사의 정신과 일왕에 대한 충성과 복종을 의미하여, 이시이는 스스로 또 다른 도고 헤이하치로라고 생각하였다. 즉 이름은 다르지만, 정신상으로 일치한다는 것이다.

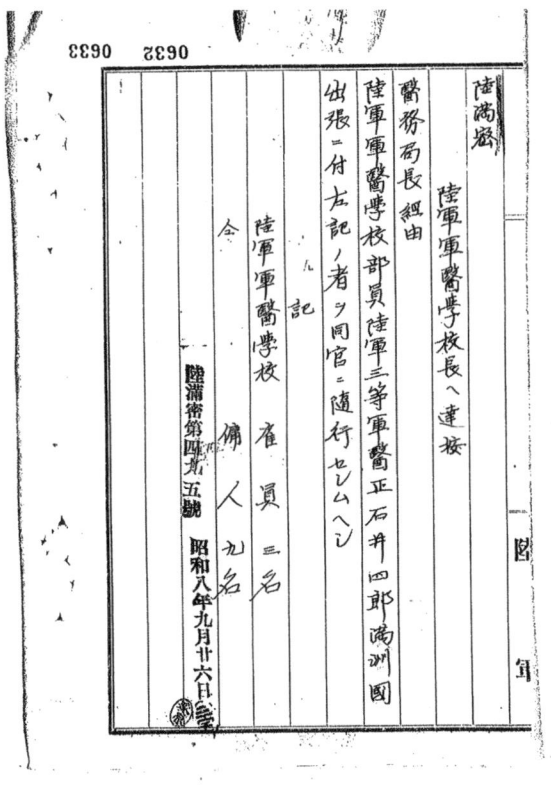

▲ 육군군의학교에서 이시이 시로의 하얼빈 출장 명령

처음 방역급수부는 하얼빈 남강구 공업지역 션화(宣化)가와 원미아오(文廟)가 접하는 곳에 설립되었다. 1932년 이시이의 의무 인원은 방역급수부대로서 인체실험을 베인허촌(하얼빈시 인근 도시, 우창, 黑龙江省五常县背荫河)에서 진행하였는데, 1932년부터 1934년 기간이었다. 그리고 1936년 8월 이시이는 '방역급수부' 명의로 새롭게 건설하였다.

▲ 하얼빈 션화가와 원미아오 부근의 가무부대(이시이 세균연구소) 동쪽 부분 – 1985년 촬영)

이시이는 '세균배양상자(細菌培养箱)'와 '이시이식 정수기'를 발견하였다. 세균은 전쟁 활용을 위한 수단이었다. 1937년 8월 이시이는 독가스탄도 사용하였다. 이는 국제법 위반으로, 독가스탄 사용은 1925년 〈제네바 의정서, Geneva Protocol〉를 위반한 것이다. 제네바 의정서는 스위스 제네바에서 체결된 전시 생물학 무기와 화학무기의 사용을 금지한 다자 조약이다.9) 제네바 의정서는 생산, 보유, 이동은 허용하고 전시 사용은 금지했다. 당시 일본은 공식적으로 서명 국가였다. 한국은 1988년에 가입했다.

1938년 3월 1일 이시이는 대좌로 진급하고, 731 부대 부근 고급 주택에 거주하였다. 1939년은 이시이가 진행한 생물무기의 개발과 사용에 중요한 일 년이었다. 1939년 5월 15일, 육군총부 301호 명령서에 일왕의 직인이 찍혔다. 핑팡 731 부대 주변에 독가스탄 실전훈련이었다.

1939년 여름, 이시이는 전쟁 생물무기를 실험하였다. 1939년 5월 11일부터 9월 16일까지 있었던, 일본과 소련과 몽골의 할힌골 전투(Battle of Khalkhin Gol)였다. 일본에서는 노몬한전쟁(ノモンハン戰爭)으로 불린다. 1939년 소련·몽골 연합군의 승리였다. 일본 소설가 무라카미 하루키(村上春樹, 1949~)는, "노몬한은 일본 안의 비근대적인 전쟁관, 세계관이 소비에트라는 새로운 전쟁, 세계관에 철저히 격파, 유린당한 체험이었다."라고 평가했다.

1939년 가을, 731 부대의 각종 건설 공정이 마무리되었다. 3년 걸렸다. 150여 동의 건축물과 활주로가 있었다. 총 8개 지역이다. 무라카미 하루키의 처절한 평가, 실패한 전쟁임에도, 1940년 이시이는 노몬한

---

9) 제 1차 세계 대전중, 독일군이 프랑스 군을 상대로 1916년 3월 프랑스 북동부 지역인 베르됭(Verdun) 전투에서 독가스를 사용하였다. 독일군이 사용한 염소가스는 호흡기 질환을 유발하고, 신체 조직을 손상시켰다. 이로 전 세계적으로 화학무기에 사용에 대한 윤리적 논의를 불러 일으켰다. 1925년 제네바 의정서가 체결되어 화학무기의 사용이 금지 되었다.

전쟁으로 '3급 금계 훈장'과 '욱일중원장'을 받았다. 그리고 소장으로 진급했다. 12년 만의 승진인데, 당시 일반적인 승진은 17년이 소요되었다고 한다. 그의 나이 49세였다.

1941년 10월, 공개적으로 생물무기를 생산한다. 생물무기를 투척방식으로 비행기에 운송하여 중국 여러 지역에 투척한다. 1942년 7월, 군비탐닉죄로 731 부대장직에서 직무 박탈당해, 1942년 8월에 산시(山西)성 제1육군 군의부 부장으로 전임된다. 1945년 3월 1일 이시이 시로가 제731 부대 제3대 부대장으로 복귀하고 중장으로 진급한다. 세균 생산을 늘리고 쥐를 번식시켰다.

1945년 일본의 전쟁 패배가 확실시되자, 8월 9일 731 부대 및 기타 자료를 소각하고, 장비 파괴, 특별감옥(四方楼)에 감금된 마루타(丸太)를 모두 독가스로 살해한 후 건물을 폭파시켰다. 8월 11일~15일 제731 부대 2,500명은 도주했고, 이시이 시로 등 고위 군관들은 비행기로 도주했다. 그리고 1947년 7월 1일, 이시이 시로는 8,000장의 인체실험 사진을 미국에 제공했다.

이시이는 군대에서 퇴직 후 도쿄 신주쿠에서 평민으로 거주하다 1959년 10월 9일 후두암으로 사망했다. 도고도 후두암으로 사망했다. 신주쿠 이시이 집 부근, 동경군의대학 앞 100m의 게스게이지(月桂寺)라는 작은 절이다. 능원 안에 부인과 이시이의 비석이 있다. 비석에는 '石井'라고 적혀 있다. 부인의 이름과 같이….

이시이 시로의 외조부는 의사였다. 이시의 큰형 이시이 토시호(石井虎男)는 1904년 러・일전쟁 중 송수산맥(松樹山脈) 요새 전투에서 사망했다. 둘째 이시이 다쓰오(石井剛男)는 소대장으로 복무하였다. 셋째 이시이 미쓰오(石井三男)는 육군 기사로 중국에서 복역했다.

이시이 시로의 형제 중 둘째와 셋째는 실제 731 부대에서 근무하였다. 둘째인 이시이 다쓰오는 일본 치바현 지요 다무라의 농민이었다. 1933년 8월 이시이 동생을 따라 가모부대에 가입하였다. 베이인허(背蔭河) 실험장에서 시체를 태우는 직원이었다. 1936년 이시이 부대가 핑팡으로 이전할 때 따라갔다. 1938년 말 핑팡 본부를 완성한 후, 특별반(특수감옥관리) 반장으로 임명되어 고위층 군관 대우를 받았다. 1945년 8월 10일부터 12일까지 이시이 부대장의 명령을 받고 감옥에 남은 약 300명의 사람을 비밀리에 상해한 동시에 흔적을 없애고, 일본으로 도망갔다.

셋째인 이시이 미쓰오도 일본 치바현 다무로촌 출신으로, 수의대학교를 졸업하였다. 1939년 목축 기술원의 자격으로 이시이 부대에 초빙되어 마지막까지 기재공급부 이시이반(실험용 동물을 사육, 채혈) 반장직을 담당했고, 고위 군관 대우를 받았다. 1945년 8월 12일 증거를 소각한 후 일본으로 도망갔다. 이시이 가족은 731 부대 공동의 죄를 진 것이다.

최근 가무 지역에 이시이 가문은 남아 있지 않지만, 작은 산에 이시이 조부와 부친의 묘지가 있는 가족묘가 있다. 가무 부근에는 이시이 집안의 일부 토지가 있다. 고도가 비교적 높으며, 벼농사하는 논으로 둘러싸여 있다. 가무 지역은 대부분 벼농사 지역이었다. 1966년 7월 4일 나리타(成田)와 시바야마마치(芝山町)는 나리타 공항 부지로 지정되었다. 당시 농민들은 학생들과 연맹하여 반대동맹을 하였다. 격한 반대에도 2002년 4월 17일 나리타 국제 공항이 운항하였다. 그 과정에 지역민과 많은 충돌이 있었다.

이시이 친척도 일부 현존하고 있다. 또한 이시이에 의하여 만들어진, 731 부대 기념비는 일본 서부의 다머 능원에 여전히 있다. 매년 731 부대 구성원의 모임도 여기서 하고 있다. 묘지 면적은 54m^2로 1955년 8월 13일 건립되었다.

731 부대 2대 부대장인 기타노 마사지(北野政次, 1894~1986)의 내용도 살펴보자. 통상은 이시이 시로만 기억하지만, 기타노 마사지도 역사의 죄악에 선봉 역할을 크게 했다. 그의 기록을 지면에 남긴다.

기타노 마사지는 군의관 중장, 3등 의학박사, 관동군 방역급수부장, 제13군 군의부장, 제731 부대 2대 부대장을 역임했다.

1894년 일본 효고현에서 태어나 효고현 제8고등학교에 다녔다. 1920년에 그는 도쿄 제국대학을 졸업하고, 1921년 육군에 입대하여 근위보병사단 제4연대 부대 및 2등 군의관(군의 중위)으로 임명되었다. 1923년, 1등 군의관으로 승진하여 도쿄 전염병 연구소에서 근무했다. 1926년 박사학위를 받고 육군성 의무국 과원으로 임명되었다. 1932년 8월에 3등 군의관으로 승진하여 도쿄 제1위수병원부 겸 육군성 의무국 직원으로 근무했다. 육군 군의학교 교관으로 재직할 때 이시이 시로가 주재하는 방역 연구실의 전염병 연구에 개입하기 시작했다. 1933년, 그는 유럽과 미국으로 가서 세균전 정보를 수집했고, 1934년 귀국 후 2등 군의관으로 승진했다. 1936년 3월에 만주로 가서 40여 일간의 전염병 조사를 진행한 후, '만주'(선양)의과대학 세균학 교수로 남아 군대에서 근무했다.

그는 일본제국 정부의 특별 면제장을 받았으며, 민간 학자이자 직업 군의관이었다. 그 기간에 이시이 시로의 지원을 받아 다양한 전염병학 연구에 종사했다. 살아있는 사람을 대상으로 세균실험과 생체 해부를 진행하여 학술 논문을 작성했다. 1939년 1월에 쓴 논문 ≪발진티푸스 예방 접종 연구－수제 발진티푸스 백신의 인체실험, 斑疹伤寒预防接种的研究——自制斑疹伤寒疫苗的人体实验≫에서 일련의 '살인 재료'를 열거하여 일본군이 세균 무기를 제조하고 사용하는 '최고의 방법'을 제공했다. 그의 또 다른 논문인 ≪발진티푸스 예방 접종 연구－수제 발진티푸스의 인체 감염 능력실험, 斑疹伤寒预防接种的研究—自制斑疹伤寒的人体感染能力实验≫에서도 일본군이 살아있는 사람을 대상으로 세균실험을 하는 방법을 기재했다.

▲ 731 부대 제2대 부대장 기타노 마사지

1942년 8월, 이시이 시로의 관동군 방역급수부대장과 제2대 731 부대장직을 이어받아 이시이가 이루지 못한 사업을 이어받았다. 1945년 3월 퇴임하고 군의관 중장으로 승진하여 화중파견군 13군 군의관 부장으로 전임되었다. 그 기간에 핑팡의 세균 개발과 인체실험 규모를 더욱 확대했다. 1944년, 그는 일본에서 새로운 장비를 가져왔는데, 이 장비는 이전 장비보다 더 완벽하여 박테리아 배양을 컨베이어 벨트 시스템에서 수행할 수 있었다. 기타노 마사지는 또한 이시이의 박테리아 공중 분무 기술을 개선하고 상하이 근처에서 페스트 실험을 수행했다.
　1945년 8월, 미군은 일본의 세균전 기술과 정보를 독점하기 위해 군용기로 기타노 마사지를 상하이 포로수용소에서 일본으로 데려왔다. 이시이 시로와 공모하여 자백하도록 주선했다. 미국에 세균 무기 연구 자료를 제공했고, 미국의 보호 아래 재판을 피할 수 있었다.

　기타노 마사지는 도쿄도 세타가야구 요다마치 2-13-3번지에 장기간 거주하며 도쿄제국대학 전염병 연구소에서 통역을 맡았다. 1946년, 오사와 실험치료연구소 면역부에서 백일해 백신 연구에 종사했다. 이후 그는 도쿄 혈액 연구소 소장을 맡아 건조 혈장 제조에 종사했다. 1950년, 혈액은행을 설립하여 미도리 쥬지(녹십자)의 나이토 료이치, 미야모토 코이치, 니시키 히데오 등과 협력해 혈액을 판매하고 전문지식을 활용하여 폭리를 취했다. 1959년 10월, 이시이 시로가 병으로 세상을 떠난 후, 그는 장의위원장을 맡아 이시이의 장례를 치렀다. 기타노 마사지는 생전에 '전 731 부대 현역병 전우회' 소속 장교 친목회인 '경혼회'에 가입했고 '핑팡회'(平房會, 즉 전 731 부대 현역병 전우회)의 고문을 맡았다. 중국에서 저지른 범죄에 대해 반성하지 않고, 사죄하지 않는 완고한 태도를 고수하였다. 1971년, 일본 아사히신문의 기자 혼다 가쓰이치는 중국에서 기타노가 인간 실험을 했다는 증거를 수집한 후, 일본으로 돌아와 기타노를 전화로 인터뷰했다. 기타노는 인터뷰를 거부하고 일본의 세균전 범죄를 계속 은폐하였다. 그리고 1986년 사망했다. 인류에게 가한 잔혹함에도 기타노 마사지는 92세 천수를 누렸다.

제3장
살인공장의 탄생
: 일왕이 개입된 나라 차원의 조직적 범죄

1981년 11월 30일 일본에서 ≪악마의 포식(惡魔の飽食)≫이 발간됐다. 저자 모리무라 세이이치(森村誠一, 1933~2023)는 서문에서 "나는 아카하타〈赤旗〉 일요판에 소설 ≪죽음의 무기(死の器)≫ 연재 중, 만주 제731 부대, 일본 육군 세균전 부대의 생존자 다수와 접촉할 기회가 있었다."라고 집필 동기를 밝히고 있다. 또한 서문에는 "태평양 전쟁은 일본에 의한 침략전쟁이었음에도, 피해의 기록은 많고, 가해의 기록은 적다. 지금 전국에 전쟁 체험을 핵심으로 기록을 남기는 운동을 넓히고 있다. 그중에도 가해 사실에 대하여 전쟁 체험의 핵심으로서 기록하고 있다. 이것은 일본이 전쟁으로서 국가적 집단 발광에 취한 시대에 타민족에 대해서 저지른 범죄를 기록한 잔혹한 기록이다. 세계 최대 규모의 세균전 부대, 관동군 제731 부대는 일본 육군이 만든 악마의 부대로서 전쟁 역사의 공백이다."라고 기록하고 있다.

발간하자마자 선풍적인 인기를 끌었다. 1982년 9월 10일까지 44쇄가 발행되어 최고의 베스트셀러였다. 추악한 일본의 실체가 만천하에 한 작가의 집념으로 세상에 드러났던 순간이었다.

모리무라 세이이치는 1933년 1월 2일, 사이타마현(埼玉縣) 구마가야시(熊谷市)에서 출생했다. 1951년 구마가야시립상업고등학교를 졸업하고, 큰아버지 소개로 신바시(新橋)의 자동차 부품회사로 세상에 나섰다. 그 후 회사를 퇴사하고, 아오야마학원(靑山學院) 문학부 영미 문학과에 입학하여 소설가로서 기틀을 마련하였다. 1965년 ≪샐러리맨의 악덕 시리즈≫를 최초 저술하였다. 이후 작가로서 확실한 전향을 하였다. 1974년에는 ≪공간의 원한≫이라는 소설로 현대 독자상을 수상하면서 작가로서 역량을 발휘했고, 그 후 다수의 책을 집필하였다.

1981년 11월 30일 ≪악마의 포식≫이 발간되어 화제를 모았고, 1982년 9월 18일부터 모리무라는 하얼빈 731 부대에 처음 방문했다. 당시 731 부대는 세상에 알려지지 않았다. 731 부대 본부대로는 학교 건물로 사용되었다. 지금은 하얼빈시 제18 직업 고급중학교로서 본부대로 옆에 신축 이사하였다. 1983년 4월 ≪악마의 포식≫ 제1부와 제2부를 개편하여 신판이 나왔다. 역사의 뒤안길에 묻힐 뻔했던 역사의 진실, 문명국가를 표방하면서 다테마에(建前, 겉마음)와 혼네(本音, 본마음)를 가면처럼 손바닥 뒤집던 역사 수정주의의 산물인 살인공장이 세상에 드러났다. 살인공장의 탄생 과정을 살펴보자.

일본은 일왕이 지배하는 국가이다. 그들은 천황이라 부른다. 일왕을 정점으로 군이 체계적으로 움직였다. 다음 도표를 살펴보자.

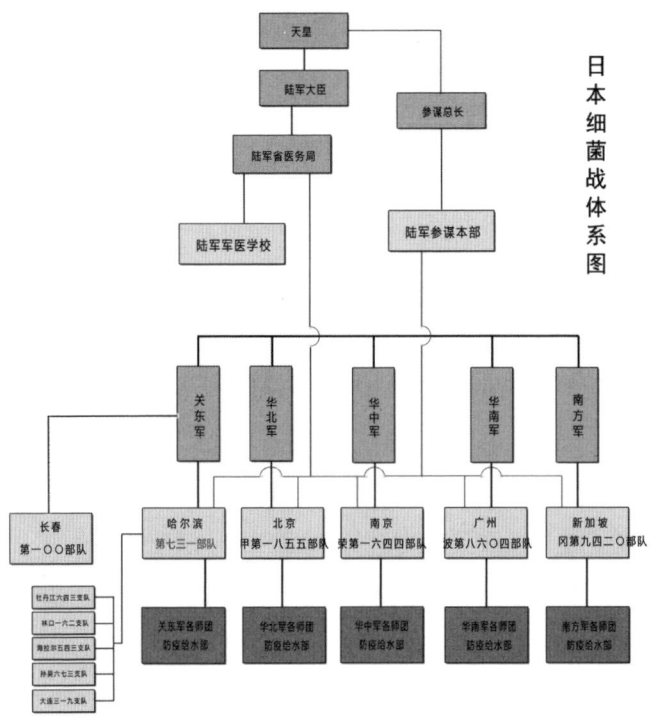

▲ 일본 세균전 부대 체계도

    1936년 8월 8일, 미치노미야 히로히토(迪宮裕仁, 1901~1989, 124대 일왕, 재위 기간 1926~1989) 일왕의 칙서가 참모본부로 하달되었다.

    일왕 아래 참모본부와 육군성이 있다. 참모본부 밑에는 작전 제2과(즉 공격 측면의 연구로서 지도) 육군성에는 군무국과 의무국이 있다. 군무국에는 군무과(연구 활동에 대해 일반적 지도)와 외사과가 있다. 의무국에는 위생과(연구의 세부 부분에 대한 지도)와 외사과가 있다. 이 밑에는 육군군의학교, 관동군, 지나 파견군, 남방군이 있다. 육군군의학교에는 방역연구실, 관동군에는 방역급수부, 지나 파견군에는 베이징, 남경, 광동군이 있다. 남방군에는 싱가포르 군이 있다. 이런 시스템의 정점에 일왕이 있다.

쓰네이시 게이이치(常石敬一, 1943~2023)[10]에 의하면, 이시이 기관과 군학관 산업의 공동체라고 말하고 있다. 즉 이시이 시로의 시간, 사실, 증거에 의하면 이시이 삶의 궤적에 등장하는 교토제국대학 의학과, 육군군의학교, 이시이 세균연구소, 731 부대 등은 일본의 군, 학교, 산업계와 모두 연관이 있다는 것이다.[11]

731 부대 본부 인원 편제는 ≪관동군방역급수부 유수명부(留守名簿)≫에 의하면, 본 자료는 일본 국립공문서관에 근거한 자료이다.[12] 1945년 1월 1일, 문관 261명, 촉탁 13명, 고용인 2,036명(여성 382명, 18.8%) 총 2,310명이었다. ≪유수명부≫를 보충하여 1945년 6월 20일은 생존자 3,096명, 사망자 18명, 생사불명자 2명, 합계 3,116명으로 기록하고 있다. 또한 1948년 8월 1일 ≪유수명부≫를 보면, 귀환자 720명, 미 귀환자 2,759명, 전속 91명, 사망 92명, 합계 3,662명으로 밝히고 있다.[13]

---

10) 가나가와 대학교수
11) 常石敬一, ≪731部隊全史≫, 高文研, 2022年, p5
12) ≪留守名簿関東軍防疫給水部761~2≫, 請求番号：平25厚労01647100, 日本国立公文書館
13) 楊彦君, ≪關東防疫給水部留數名簿≫, 中央編譯出版社. 上海交通大學出版社, 2021, 5p

1943年6月25日, 七三一部队成立八周年纪念日满洲第七三一部队军官合影。前排左起第七个人是田部邦之助; 第二排左起第五个人是永山太郎, 隔一个人是石光薫, 再隔一个人是川上渐、北野政次（第二排中间）、大谷章一、大田澄、中留金藏; 第二排从右起第三个是碇常重; 第三排右起第三个人是石井刚男、第六个人是柄沢十三夫; 第四排右起第四个是吉村寿人。

▲ 1943년 6월 25일, 731 부대 고등관 본부대로 단체 사진

七三一部队女子队员进行的担架演习场景

▲ 731 부대 여자 대원 훈련 모습

또한 여성 신분(18.8%)으로도 731 부대 인체실험 의료 부대에 참여하고 있다. 소년대는 1938년 90명, 1942년 107명, 1943년 20명, 1945년 50명의 젊은이도 동원하였다.

▲ 1941년 731 부대 훈련 모습

일본 후생성노동성의 ≪유수명부≫를 보면, 상세히 기록되어 있다. 楊彦君(2019)에 따르면, ≪유수명부≫의 발견은 731 부대의 전체 규모, 인원 출처, 신분 구성 및 일본 세균전 체계의 핵심 구성 등 기본적인 역사적 사실을 알 수 있다고 한다. 특히 731 부대 대부분의 인원 정보는 ≪유수명부≫를 통해 처음 공개되었다.[14]

일본 후생노동성(日本厚生労働省)은 ≪유수명부≫에 의거하여 ≪관동군 방역급수부 직명별 인원수(关东军防疫给水部职名别人员数)≫를 작성하였는데, 여기에는 관동군 방역급수부 구성원의 신분 구성 상황이 기록되어 있다. 계급, 병과로 구분되어 있고, 주로 장교, 보좌관, 위관, 수습사관, 준사관, 하사관, 병, 군속 등의 신분 구성이 포함되어 있으며, 소수의 신원 불명자가 있다.

　731부대의 장교, 보좌관, 위관은 군의관, 약제, 기술, 주계, 위생, 건기 등 6종, 견습사관은 보건부와 경리부원 2종, 준사관은 위생, 주계, 치료공 3종, 하사관은 위생, 주계, 치료공, 치중, 보병, 박격, 야중포 등 7종, 병사는 위생, 보병, 치중, 기술, 야포, 포병, 기병, 공병 등 8종이다. 군속의 신분은 문관, 고용인, 하인, 당부의 네 가지이다. ≪유수명부≫에 따르면, 731부대의 장교와 육군 기술자의 총수는 97명으로, 이들은 731부대의 핵심 관리층을 구성하며, 인체실험과 세균전 연구의 핵심 요원이라고 한다. 이 부대는 주로 의학자와 연구 전문가로 구성되어 있으며, 주로 각 대학의 의학부, 의과대학 및 각지의 육군 병원 등 의료 관련 연구 기관과 군사 기관에서 왔다.
　≪유수명부≫에는 731부대의 47명 장교 및 계급 정보가 기록되어 있다. 그중 중장 1명, 소장 2명, 대좌 5명, 중좌 5명, 소좌 34명이며, 직급에 따라 군의관, 약제, 주계, 위생, 기술 등의 신분으로 나눌 수 있다.

---

14) 杨彦君, ≪七三一部队人员编成考≫, 역사연구, 2019

〈표1〉《유수명부》에 기재된 구성원

순서序	성명姓名	출생일시出生日期	부대편입시기编入部队时间	계급军衔	진급시기晋级时间	731 부대직급在七三一部队任职
1	石井四郎	明治25年6月25日	昭和20年3月1日	军医中将	昭和20年3月1日	部队长
2	北野政次	明治27年7月14日	昭和17年8月3日	军医少将	无记录	部队长
3	菊池齐	明治30年5月1日	昭和17年8月8日	军医少将	昭和20年3月1日	第一部部长
4	大田澄	明治30年6月2日	昭和18年3月10日	军医大佐	昭和16年10月15日	总务部部长
5	碇常重	明治35年4月16日	昭和14年3月20日	军医大佐	昭和20年6月10日	第二部部长
6	永山太郎	明治33年8月19日	昭和15年4月26日	军医大佐	昭和18年6月1日	诊疗部部长
7	草味正夫	明治33年8月20日	昭和13年5月4日	药剂大佐	昭和19年8月1日	第一部研究班班长
8	柴野金吾	明治28年12月1日	昭和20年1月1日	药剂大佐	昭和17年8月1日	器材部部长
9	田部邦之助	明治40年3月28日	昭和15年10月7日	军医中佐	昭和19年3月1日	总务部企划课课长
10	江口丰洁	明治36年7月19日	昭和18年4月21日	军医中佐	昭和17年9月30日	第三部部长
11	田中英雄	明治40年3月19日	昭和13年3月10日	技术中佐	昭和20年3月1日	第二部第二课课长
12	西俊英	明治37年8月2日	昭和18年1月31日	军医中佐	昭和19年3月1日	孙吴支部部长
13	河上清久	大正5年10月26日	昭和19年8月27日	军医中佐	昭和20年8月14日	牡丹江支部第一课课长
14	山下健次	明治24年2月5日	昭和13年4月27日	卫生少佐	昭和20年4月20日	总务部人事课课长
15	佐藤重雄	明治34年2月12日	昭和19年11月9日	主计少佐	昭和20年3月1日	总务部经理课课长
16	铃木穐男	明治42年11月17日	昭和19年3月30日	军医少佐	昭和19年4月30日	总务部庶务课课长
17	中村留八	明治42年10月30日	昭和12年5月31日	技术少佐	昭和19年4月30日	总务部管理课课长
18	永松乔	明治43年12月9日	昭和17年1月10日	建技少佐	昭和20年6月10日	总务部管理课建设班长
19	高桥正彦	大正9年9月3日	昭和18年4月8日	军医少佐	昭和19年9月30日	第一部第五课课长
20	肥野藤信三	明治44年3月17日	昭和18年8月9日	军医少佐	昭和20年4月30日	第一部研究班班长
21	樋渡喜一	大正2年7月1日	昭和19年4月18日	军医少佐	昭和20年1月31日	第一部研究班班长
22	降旗武臣	明治42年11月3日	昭和19年4月4日	军医少佐	昭和19年1月31日	第一部研究班班长
23	巽庄司	大正4年6月15日	昭和17年11月9日	军医少佐	昭和19年9月30日	第一部研究班班长
24	长友浪男	大正2年5月6日	昭和18年8月5日	军医少佐	昭和20年6月10日	第一部研究班班长
25	根津尚光	大正4年12月8日	昭和16年12月31日	军医少佐	昭和20年8月14日	第二部研究班班长
26	平泽正欣	明治41年3月20日	昭和14年3月24日	军医少佐	昭和20年1月31日	第二部第一课课长
27	增田美保	明治41年6月7日	昭和11年7月21日	药剂少佐	昭和20年1月31日	第二部第二课课长
28	西田重卫	大正3年8月30日	昭和18年12月2日	军医少佐	昭和20年3月1日	第二部第五课课长
29	儿玉鸦	明治42年9月2日	昭和17年4月4日	军医少佐	昭和20年4月30日	第二部庶务课课长
30	池川重德	大正6年1月3日	昭和19年10月18日	军医少佐	昭和20年6月10日	第二部航空班
31	园口忠男	大正2年4月21日	昭和20年1月6日	军医少佐	昭和19年8月1日	第二部研究班班长
32	田中淳雄	大正2年1月11日	昭和16年12月31日	军医少佐	昭和20年6月10日	第二部研究班班长
33	八木泽行正	明治43年2月28日	昭和11年8月1日	技术少佐	昭和19年9月30日	第二部研究班班长

제1부 죄증(罪證)

34	铃木重夫	明治41年3月3日	昭和14年5月10日	技术少佐	昭和19年9月30日	第三部第三课课长
35	野口圭一	大正9年8月14日	昭和18年8月28日	军医少佐	昭和20年3月1日	第四部第二课课长
36	有田正义	明治44年8月22日	昭和17年4月5日	军医少佐	昭和19年9月2日	第四部研究班班长
37	尾上正男	明治43年1月25日	昭和18年11月23日	军医少佐	昭和19年4月30日	牡丹江支部部长
38	榊原秀夫	明治41年1月9日	昭和17年10月2日	军医少佐	昭和20年4月30日	林口支部部长
39	松平丰太郎	明治42年6月13日	昭和19年7月20日	军医少佐	昭和19年9月30日	林口支部部长
40	细矢博	大正2年12月7日	昭和19年8月5日	军医少佐	昭和20年6月10日	林口支部总务课课长
41	加藤恒则	明治42年10月27日	昭和19年12月20日	军医少佐	昭和20年6月30日	海拉尔支部部长
42	蓬田正二	大正2年1月25日	昭和18年11月8日	军医少佐	昭和19年9月30日	海拉尔支部部长
43	作山元治	明治43年3月6日	昭和14年3月28日	军医少佐	昭和20年3月1日	诺门罕派遣队队长
44	目黑正彦	大正4年1月1日	昭和17年8月18日	药剂少佐	昭和20年3月1日	大连支部总务部长
45	佐藤铁之助	明治37年10月18日	昭和19年8月27日	卫生少佐	昭和20年6月10日	不详
46	杉原正毅	无记录	昭和19年3月20日	军医少佐	无记录	不详
47	伊藤邦之助	大正6年2月9日	昭和16年8月15日	军医少佐	昭和20年1月31日	不详

本表所列"在七三一部队任职"栏的整理依据为：秦郁彦编:≪日本陸海軍総合事典≫，東京：東京大学出版会，1992年；近藤昭二编：≪関東軍防疫給水部·満洲第七三一部隊編成表(概略)≫(未刊資料)；其它各栏所列依据≪关东军防疫给水部留守名簿≫整理；表中所列不同人员任相同职务当是在不同时期的任职。

위의 표에 따르면, ≪유수명부≫에는 총무부, 제1부(기초연구), 제2부(세균실험), 제3부(방역급수), 제4부(세균제조), 기자재부, 진료부 등 각 부장과 무단장지부(牡丹江支部部), 하이라얼지부(海拉尔支部), 린커우지부(林口支部), 다롄지부(大连支部), 노몬한 파견유격대(诺门罕派遣队) 등 각 지부장을 맡은 731 부대 장교들의 신상 정보가 자세히 기록되어 있다. 예를 들어 부대장 이시이 시로 군의 중장, 기타노 마사지 군위 소장, 총무부장 겸 제4부 부장 오타 기요시(大田澄)15) 군의 대좌, 제1부 주장 기쿠치 사이(菊池齐) 군의 소장, 제2부 부장 이카리 쓰네시케

(碇常重)[16]군의 대좌, 제3부 부장 에쿠치 유타카(江口丰洁) 군의 중좌, 기자재 부장 기노 긴고(柴野金吾) 약제 대위, 진료부 부장 나카야마 타로(永山太郎)[17]군의 대좌, 교육부 부장 니시 도시히테(西俊英)[18]군의 중좌, 쑨우 지부부장 마쓰다이라 토요타로(松平丰太郎)[19]군의 소좌, 무단장 지부부장 이시이 타쓰오(尾上正男) 군의 소좌, 린커우 지부부장

15) 오카야마 의학 전문학교 졸업, 의학박사, 세균학 전문가. 이시이 부대가 베이인허 있을 때 대위였다. 이시이 심복 중의 하나이다. 이시이 부대가 핑팡으로 옮긴 후 소좌로 승진하고, 오타반을 주관하여 탄저균을 연구하였다. 1938년 중과로 증진하고 1939 노몬한 전쟁에서 세균전을 지휘하고 참가하였다. 1940년 총무부장으로 임명되어, 전체 부대 재무관리, 생산계획, 인사 배치 및 생물무기의 사용과 세균 확산, 기생충 설비의 연구 등 작업을 책임졌다. 1940년 12월부터 1943년 2월까지 화남군 방역급수부 부장을 겸임하였다. 1945년 8월 731 부대 철수 시 수비대 대장으로 사실을 아는 사람들을 모두 살해하여 증거를 소멸하고, 세균부대의 인원과 군속들을 철수시켰다.

16) 나가사키 의과대학을 졸업, 의학박사, 731 부대 탄저균 연구반 반장직을 담당, 1939년 5월 노몬한 전쟁에 참가하였다. 1940년 12월 안다 사격장에서 산 사람으로 탄저균, 페스트 등 전염병 실험을 하였다. 닝버, 창더 등 세균전에 참가하여 현장 지휘하였다. 1942년 대좌로 승진하고 제1부 세균연구 부장으로 임명되었다. 일본 투항 후 가나자와, 도쿄, 큐슈 등에 거주하였다.

17) 오카야마 출신, 오카야마 대학 의학부 졸업, 의학박사, 731 부대 진료부장을 담당하고 당시 중좌였다. 1944년 대좌로 승진하고 치료 명목으로 산 사람을 세균 실험하였다. 일본 투항 후 구라시키 시에 거주하였다.

18) 1904년 가고시만 사츠마현 아케비촌 출생, 도쿄 의과대학 졸업, 세균학자이다. 1927년 일본군에 가입하여 1943년 1월부터 1944년 7월까지 쑨우 지부장으로 있으면서 적극적으로 세균전을 진행하는 방법을 연구했다. 쥐와 벼룩을 사육하여 세균 무기 제조에 사용하였다. 1944년 7월부터 1945년 7월까지 731 부대 훈련부 부장으로 전근하였다. 훈련반 강습으로 일본에서 모집한 작업 인원들에게 세균전 관련 교육과 비밀 보수 교육을 실시하였다. 안다 사격장에서 인체실험에 직접 참여하고 각종 세균으로 마루타를 감염시켜 살해하였다. 1945년 8월 11일, 12일 쑨우 지부 모든 건물, 설비, 재료와 문서 소각을 명령했다. 1949년 12월 소련 특별 군사 법정에서 유기징역 18년을 판결받았다. 석방 후 귀국하여 도쿄 세타가야구에서 거주하였다. 병원을 개업하여 경영하다가, 731 부대 전우회 고문을 역임하고, 1974년 5월 30일에 사망하였다.

19) 1942년 쑨우 제673지부에 가입하여, 1945년 초 731 부대로 전근하였다. 일본 투항 후 도쿄 나카노구에 살고 있다. 731 부대 핑팡회 스즈란회에 가입하였다.

사카키바라 히데오(榊原秀夫) 군의 소장 하이라얼 지부 부장 가토 쓰네노리(加藤恒則) 군의 소좌, 모두 군 출신이며 731 부대 핵심 요원이다.

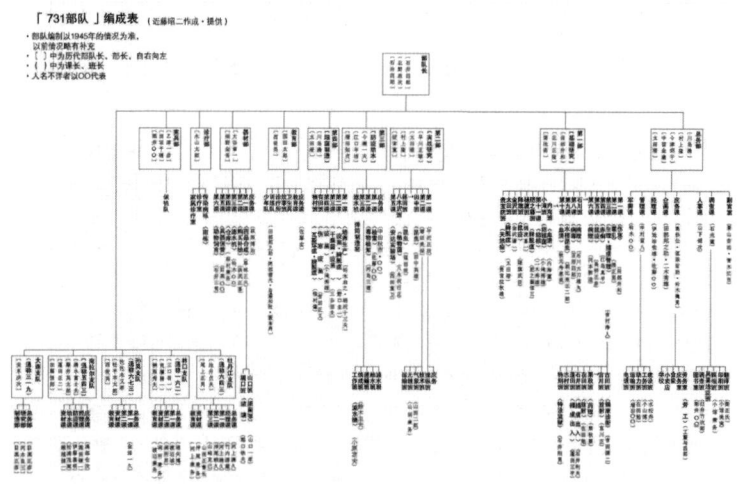

▲ 731 부대 조직기구 편제표

그러나 731 부대의 핵심 멤버인 가와시마 기요시 소장, 기타가와 마사타카 소장, 마스다 도모사다 대좌, 무라카미 다로 대좌, 소노다 다로 대좌, 가네코 준이치 소좌 등은 ≪유수명부≫에 편입되지 않았는데, 이는 ≪유수명부≫가 편성되기 전에 전근, 사망 또는 기타 여러 가지 이유로 인한 것이다. 이에 따르면, ≪유수명부≫에 편입된 사람들은 주로 처음 작성 당시인 1945년 1월 1일에 재적된 인원이다.

楊彦君(2019)에 따르면, 731 부대의 핵심 관리층과 세균전 연구의 주요 구성원은 주로 일본 육군군의학교, 교토제국대학, 도쿄제국대학 등 고등교육 기관 및 사단 방역급수부, 독립 방역급수부, 야전 방역급수부, 육군 병원, 야전 병원 등에서 왔다. 부대 중위관, 사관, 병사, 직원은 일본 국내 의과대학 출신이고, 일부는 위만주국의 각 의료 기관에서 왔으며, 일부는 야전 부대, 보병 연대, 국경 수비대 등에서 왔다. 아울러 경성제국 대학 의과대학에서도 왔다.

일본 교토제국대학, 도쿄제국대학, 육군군의학교의 의학자 및 졸업생들은 오랫동안 731 부대의 각 부서와 지부의 책임자로 근무하였으며, 당시 일본 의학계의 엘리트 계층으로서 731 부대에 합류하여 세균전 연구와 인체실험의 핵심이 되었으며, 731 부대의 핵심 경영진과 세균전 연구반으로 731 부대의 설립과 확장의 전 과정을 주도하였다. 기관 설립, 인원 편성, 업무 진행, 세균전 활동 협력 등의 관계를 맺고 있다. 731 부대는 일본의 세균전 체계 준비, 구축 및 형성의 핵심 기반이다.

1940년 이후 731 부대원은 매년 군비 1,000만 엔의 경비로, 교육, 의료, 상업, 오락, 종교 시설 등의 특별한 대우를 받았다.

姓名	职务	毕业学校	职称
石井四郎	首任部队长	京都帝国大学医学部	医学博士
北野政次	第二任部队长	京都帝国大学医学部	医学博士
清野千次	最高顾问	京都帝国大学	
川岛清	细菌生产部部长	东京医科大学	医学博士
永山太郎	诊疗部部长	冈山大学医学部	医学博士
川上渐	病理研究班	京都帝国大学	病理学博士
吉村寿人	细菌研究部吉村班班长	京都帝国大学医学部	生理学博士
凑正雄	赤痢研究班长	京都帝大医学部	医学博士
笠原四郎	病毒研究班长	庆应医科大学毕业	病理学博士
石川大刀雄丸	病理研究班长	京都帝大医学部毕业	病理学博士
田中英雄	昆虫研究班长	京都帝大医学部毕业	卫生学博士
增田美保(穗)	航空班班长	东京药专毕业	病理学博士

▲ 731 부대 주요 군의 의학박사 명단

七三一部队1944年的菜谱

级别 餐别	高 等 官	委 任 官
早餐	鸡蛋豆腐、肉汤或猪肉豆酱汤、各式烧鱼干、梅干等咸菜、水果、大米饭或面包、咖啡	菠菜豆酱肉片汤、醋拌凉菜、梅干等咸菜、大米饭
午餐	肉汤或清汤、红烧牛肉、炸虾（鱼）、猪肉、咸菜、水果、大米饭或馒头、冷冻点心、咖啡	猪肉炒花生、炖猪肉、咸菜、水果、大米饭、有时加冷冻点心
晚餐	啤酒或白酒、大金枪鱼的生鱼片、清蒸猪肉、烧豆腐、生拌萝卜大马哈鱼片、咸菜、水果、大米饭、甜食、咖啡	乌贼鱼的生鱼片、洋葱鸡蛋、腌猪肉、大米饭、甜食、绿茶

▲ 731 부대 고등관과 위관 식단

    일왕을 정점으로 국가 차원의 조직적이고 체계적인 개입과 이시이 시로라는 개인의 야망, 그리고 추종자들이 만들어 낸 살인공장 이것이 731 부대 탄생의 합주곡이다. 인간의 존엄성, 개인의 인권을 유린한 전쟁광들의 합작품이다.

제4장
세균과 인체실험, 특별이송

세균과 인체실험 : 인체의 병기화[20]

세균의 사전적 의미를 찾아보자. 세균, 박테리아라고 한다. 동물과 식물에 공생하면서 인류의 삶에 발전과 쇠망을 같이 하고 있다. 페니실린의 발견은 인류의 생명과 삶의 질을 풍부하게 만들었다. 그러나 세균의 전쟁 오명은 일본에서 찾아본다.

2023년 7월 3일, 일본 화폐 초상화가 바뀌었다. 화폐 인물의 상징성은 국가의 대국민 이미지 형성에 중요한 역할을 한다. 경제, 교육, 의료 세 부분을 상징하는 인물로 바꿨다. 일본 경제의 아버지 즉 자본주의 대표하는 시부사와 에이이치(渋沢 栄一, 1840~1931)를 일만 엔권, 일본 여성 교육의 선구자 쓰다 우메코(津田 梅子, 1864~1929)를 오천 엔권, 일본 세균학의 아버지라 불리는 기타사토 시바사부로(北里 柴三郎, 1853~1931)를 천 엔권으로 바뀌었다. 모두 메이지 시기 근대화에 기여한 인물로 평가받는다. 미래 일본 방향의 풍향계가 화폐 초상이다. 특이한 것은 세균의 기타사토 시바사부로의 등장이다. 생명과학의 중요

---

20) 常石敬一, ≪731部隊全史≫, 高文研, 2022年, P234

성일까? 아니면 일본 군국주의 망령의 부활을 의미하는 것일까? 기타 사토 시바사부로는 후쿠자와 유키치의 후원으로 '전염병 연구소'를 설립하였다. 후에 도쿄제국대학 의학부 산하 의과학 연구소로 편입되었다. 1894년 홍콩에서 흑사병의 병원체 페스트균을 발견하였다. 감염병 의학의 발전에 기여하였다. 세균 연구의 긍정적인 측면이다.

반면, 세균의 무기화, 인체의 매개체를 통하여, 일본 제국주의 침략의 전쟁 무기화, 이시이 시로로 대표되는 731 부대 세균은 세계 전쟁사, 인류사, 의학사에서 시사하는 바가 크다. 세균 무기의 연구와 제조, 실험, 세균전 실시는 비인도적 범죄이다.

"기타 강대국에서는 모두 세균전을 준비하고 있다. 우리도(일본) 다그쳐 준비하지 않으면 이후의 전쟁에서 큰 어려움을 겪게 될 것이다. 자원이 부족한 일본이 전쟁에서 이기려면 세균전에 의지할 수밖에 없다. 전략상 세균 무기는 아주 유익한 공격무기이다." 이시이 시로의 이 말은 일본 군국주의 세균에 관한 생각을 집약한 것이다. 세균의 전쟁 무기 효율성 구상은 일본 정부와 군국주의자의 지지를 받았다. 일본 세균 무기 죄악의 시작은, 1932년 8월 도쿄 육군군의학교의 세균연구실에서 시작된다. "세균 무기를 연구하고 제작하는 것은 바로 세균 무기의 사용 방법을 연구하는 것이었다."[21] 일본 세균 연구는 준비 단계에서 세균 실험과 실전, 실행 단계로 진행하였다. 아주 짧은 기간은 이것을 보여주고 있다. 1931년 9.18 만주 사변에서 일본은 이 계획을 실

---

21) ≪前日本陸軍軍人因准备和使用細菌武器被控案審判材料≫, 莫斯科外国文书籍出版局, 1950年, 431p

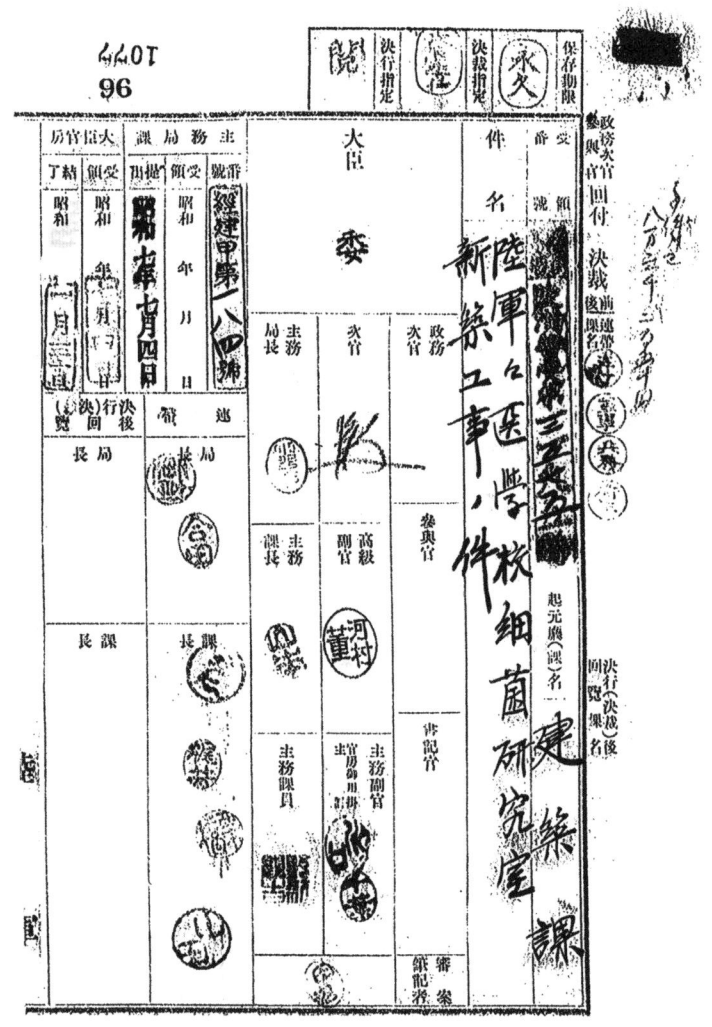

▲ 1932년 7월 5일, 일본 육군성 비준 육군 군의학교 세균연구실 설립 허가 문서

천한다. 1933년 8월 하얼빈시 남강구에 이시이 부대를 비밀리 창설하고, 베이인허에 부속 실험실로 '가모 부대'를 창설했다.

▲ 베이인허 일군 병영유적지

1936년 이시이 부대를 확대 편성하고 관동군 수의 예방 부대를 설립한다. 속칭 만주 제100부대이다. 1938년 6월 이시이 부대는 하얼빈 핑팡 지역으로 옮겨, 1941년 공식적으로 '만주 제731 부대'로 개칭한다. 제731 부대 확대와 중국 지역 18개 사단의 급수부대(일명 세균부대)를 설립한다.

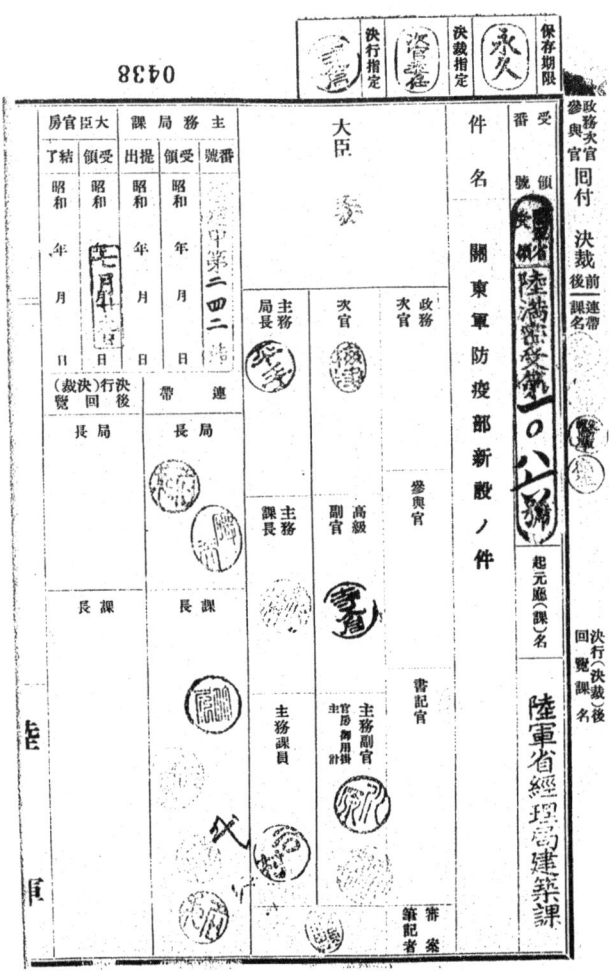

▲ 관동군 방역급수부 신설 문건

▲ 건설 중인 731 부대 세균실험기지

이른 연구는 제조가 끝나고 이제 실전을 한다는 것이다. 일본 세균 연구는 바로 일본 침략의 확장정책 일환이었다. 인간을 숙주로 한 세균 무기화의 시작이었다.

악마의 인간 환생

인체실험은 '살아있는 인간을 대상으로 그 체외적 또는 체내적인 실험'을 의미한다. 즉 몸이 살아 있는 상태로 실험한다고 정의할 수 있다. 생체 실험이라 불리지만, 이하는 인체실험으로 용어를 통일한다. 인간을 대상으로 물리적 개입이라는 측면에서 도덕적, 윤리적 기준을 철저하게 요구한다. 생명윤리와 안전이 중요하다. 인체실험의 의학 발전이라는 악마적 궤변, 731 부대 인체실험은 목적 자체가 순수한 의학 발전이 아닌 무기 연구를 위한, 잔혹한 고문, 살상에서 이루어졌다. 잔혹한 대량 인체실험 731 부대는 이시이 시로의 악마적 궤변에서 출발했다.

▲ 731 진열관에 소개된 이시이 시로의 궤변

이시이 시로는 "군사의학은 치료와 예방에만 있는 것이 아니다. 진정한 군사의학은 공격을 목적으로 하는 것이다. 미래의 전쟁은 필연적으로 과학전쟁으로 발전할 것이다. 그중 세균전이 특히 중요한 위치를 차지하게 되기 때문에 세균 무기의 연구에 정력을 쏟아야 한다."라며 죄악의 이론을 자기 합리화하고 있다. 이런 잘못 잉태된 사고는 상상 속에도 존재해서는 안 되는 악의 축으로 바뀐다. "전염의 발생원과 전염 매개물만으로는 전염병이 유행할 수 없기 때문이다. 그 완성을 위해서 인체의 생리 구조와 특징을 알아야 한다. 인체의 생리 특징을 파악해야 인공적인 방법으로 질병을 일으키고 유행하게 하는 조건들을 알 수 있다. 생리 특성을 연구하는 작업은 산 사람으로 실험해야 한다. 실험실에서도 진행할 수 있고 야외에서도 진행할 수 있다. 이것은 본 부대의 비밀 중의 비밀이다." 이렇게 인체실험에 관해 서술하고 있다. 이는 사람, 즉 인체의 병기화를 위한 준비 단계였다.

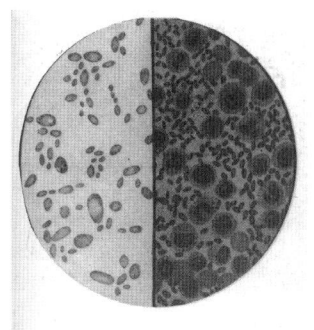

▲ 현미경으로 본 페스트균

▲ 이시이반 동물 사육시설 분포도

731 부대는 철저한 분업 시스템이었다. 핑팡 731 부대 인체실험은 우선, 피실험자를 접수하면 건강 진단을 한다. 건강 상태와 면역 유무를 조사하는 것이다. 둘째, 실험은 페스트균의 병원체 접종을 시작한다. 셋째, 피실험자 상태 경과를 관찰한다. 넷째, 병상의 진행을 보기 위하여 피실험자 살해 혹은 병사를 확인한다. 다섯째, 병사의 병리 해부에서 사인을 확인한다. 여섯째, 병원균의 변화로서 장기를 현미경으로 조사하기 위하여 병리 해부를 작성한다. 현미경 표본을 조사하여 실험의 의미와 소견의 옳고 그름을 판단한다.[22] 이시이 시로의 몸으로 악마가 인간으로 탄생하였다. 이는 인체실험을 위한 실험 재료 즉 인간의 공급 '특별이송'의 필요성을 의미한다.

인체실험 결과는 세균의 대량 생산이다. 731 부대의 세균 생산량은 매달, 페스트균 300kg, 탄저균 600kg, 장티푸스균 900kg이다. 콜레라 1,000kg, 파라티푸스 1,000kg, 적리균 1,000kg이다. 이렇게 731 부대는 세균 생산 공장이 되고 이렇게 생산된 세균은 전쟁에 활용된다. 즉, 세균전의 도입이다. "제731 부대는 페스트균에 감염된 벼룩을 세균 무기로 사용하는 방법을 연구해 냈다. 이 연구 결과는 대규모적인 전쟁에 실제로 사용하는 것을 목적으로 한다."[23]

대표적인 것이 1939년 중국과 몽골 변경의 '노몬한 전투'였다. 1939년 7월 12일 하라하 강에 세균 22.5kg을 살포하여 강물을 오염시켰다. 이 전쟁은 오히려 소련·몽골 연합군은 자체 급수 시스템을 갖추어 피해가

---

22) 常石敬一, 〈731部隊全史〉, 高文研, 2022年, p165
23) 郭成周、廖应昌,《侵华日军细菌战纪实》, 北京燕山出版社, 1997年. 41p

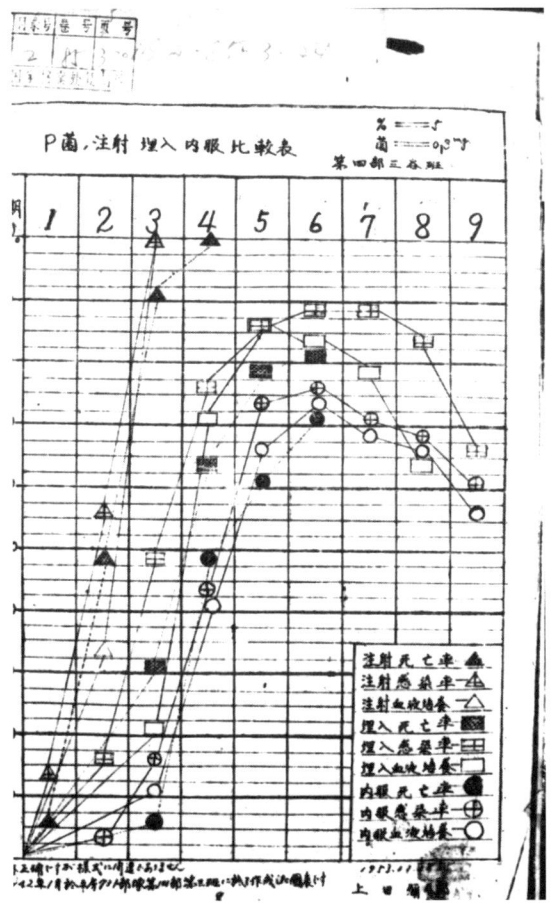

▲ 3종 세균 실험방법 비교표

없었지만, 오히려 일본군 1,400명이 세균에 감염되었으며, 40여 명이 사망하였다. 이 전쟁을 계기로 세균의 대량 살상 무기의 가능성을 알게 되어 오히려, 실패자 이시이 부대는 표창을 받았다. 이후 중국 전역으로 확대되었다.

⟨표2⟩ 사용 페스트균 감염 범위(PX)의 양과 효과(피해자 수)의 관계

공격 도시	PX (kg)	치사		1.0kg 환산치		유행 계수 (보정치)	비고
		1차	2차	1차*유행 계수			시행 일자, 피해자 수
				이론치	보정치		
눙안(農安)	0.005	8	607	123,000	82,900	76.9(51.8)	1940.6.4
눙안 대보(大寶)	0.010	12	2,424	243,600	82,900	203.0(69.1)	1940.6.4
취현(衢县)	8.0	219	9,060	1,159	1,175	44.2(42.9)	1940.10.4
닝버(寧波)	2.0	104	1,450	777	980	14.9(18.8)	1940.10.27
창더(常德)	1.6	310	2,500	1,756	1,680	9.1(8.7)	1941.11.4
광신(廣信), 광펑(廣豊), 보산(玉山)	0.131	42	9,210	22,550	19,430	70.3(60.6)	1942.8.19. ~21
	합계	695	25,251				

자료원: 常石敬一, ≪731部隊全史≫, 高文研, 2022年, p245

PX(Pest 균 감염 섹터)를 의미한다. 절강성 닝버(1940년), 취조우(1940년), 후난성 창더(1941년)에 세균전이 투입되었다. 일본군 세균에 의해 살해된 중국인은 약 27만 명(군인 미포함)이고, 피해자는 200만 명 정도로 추정하고 있다. 그 후 세균전은 하얼빈, 장춘, 난징, 광저우, 싱가포르, 말레이시아에 세균부대를 운용하여, 중국 전역에 63개의 세균전 기지를 세웠다. 세균은 인간의 생명을 직접적으로 위협하고, 가축, 농작물에도 피해를 주어, 인간의 삶에 직·간접적인 영향을 미쳤다. 이에 731 부대는 세균부대라는 오명의 대명사를 얻게 되었다.

2002년 8월 27일 도쿄 지방법원 판결에서 처음으로 731 부대 존재와

일부 범죄사실을 인정하였다. 제1심 판결은 2002년 8월 27일, 제2심 판결은 2005년 7월 19일이었다.

1심 판결은 731 부대가 인체실험을 통해 개발한 세균 무기를 중국 각지에서 실전 사용하여, 피해가 발생해서 페스트 및 콜레라의 유행으로 일반 시민이 학살된 사실이 인정되었다. 다음과 같이 인정했다.

1) 취저우 세균전 피해자는 1,501명 달한다.

2) 이우시 시가지 발생 페스트 사망자는 309명에 달한다.

3) 쑹산촌에서 페스트로 396명이 사망했다.

4) 타시아저우에서는 103명이 페스트로 사망했다.

5) 닝보는 페스트로 신원이 확인된 사망자만 109명이다.

6) 창더시 페스트 사망자는 총 7,643명이다.

7) 장산(江山) 콜레라 사망자 추정은 총 37명이다.

日军细菌战情况简表				
	诺门罕细菌战	宁波细菌战	常德细菌战	浙赣细菌战
作战时间	1939年5-9月	1940年7-12月	1941年11月	1942年7-8月
作战地点	诺门罕	杭州-宁波	常德	杭州、金华
作战人数	200（人）	100（人）	40-50（人）	160（人）
现场指挥官	石井四郎大佐	石井四郎大佐	太田澄大佐	石井四郎少将
	山本吉太郎中佐	太田澄大佐	碇常重中佐	村上隆中佐
使用细菌	肠道伤寒菌	鼠疫菌	鼠疫菌	鼠疫菌、肠道伤寒菌
	霍乱菌、赤痢菌	肠道伤寒菌		副伤寒菌、霍乱菌
	鼠疫菌、炭疽菌	霍乱菌		炭疽菌
投撒方法	投入河中	高空投撒	高空投撒	高空投撒

▲ 일본 세균전 작전 진행표

그리고 인정한 사실은 '인적 교류가 많은 지역은 전파가 크다. 지역사회 붕괴를 초래함과 사람들의 심리에 깊은 상처를 남긴다. 페스트는 설치류 질병으로 인적 유행 종식 후에도 병원체가 자연계에 보존되어 재감염 위험이 있다. 그리하여 페스트는 지역사회 붕괴와 환경을 장기간 오염시키는 질병'이라고 판결했다.[24]

특별이송

특별이송은 731 부대의 잔악성을 이해하는 가장 중요한 증거이다. 특별이송에 대한 증언이 있다. 쟈무스(佳木斯) 헌병 분대장이었던 다치바나 다카오(橘 武夫[25])가 1949년 하바롭스크 심판 중 말했다. "우리는 헌병대 사령관의 지시에 따라 그런 사람들을 상당히 예심 시킨 후, 재판 없이 그들의 사건을 법정에 넘기지 않고 곧바로 731 부대로 보냈다. 이것은 특수한 성질을 띤 방법이므로, 이런 수송을 '특별이송'이라고 한다."

각종 사료에 등장하는 특별이송, 특별운송, 특별수송 등은 모두 피실험자, 즉 마루타(통나무)라고 불리는 인체실험 대상자를 의미한다. 인체실험을 위한 731 부대는 피실험자를 수감하는 특설감옥 설립과 각종 인체실험을 하였다. 731 부대 특별반이 실험에 제공되는 사람들을 수용하고 감시했다. 실험 재료를 통상 은어로 마루타(통나무)라 부

---

24) 역사비평 132, ≪731 부대와 세균전 연구의 성과와 과제 – 국가배상청구 소송을 중심으로≫, 역사문제 연구소, 2020 가을
25) 후에 신징(新京, 장춘) 헌병대장

르고, 사람 수를 '뿌리'로 계산했다.

▲ 하바롭스크 재판에서 증언하는 川島 淸

특별이송 대상자 선정은 누구인가?

▲ 일본 관동군 헌병사령부 옛터

관동헌병대 사령부 「특별이송에 관한 통첩 关于特别移送的通牒」(1975년 3월 12일, 관헌고 제120호)에 의하면, 특별이송에 관해서는, 쇼와 13년 1월 26일 관헌고 제58호 문서에 근거해, 범인을 선정할 때는 아래 부속서에 정해진 구별(기준)을 참조해 처리한다.

〈关于'特别移送'问题, 应按昭和13年1月26日关宪高第58号文件处置, 在选定犯人时应参照下面附件所定区别〉

주요 내용은 다음과 같다.

1. 포획한 간첩으로,
(1) 재판상 사형 또는 무기징역에 처할 것으로 예상되는 자(이용 가치가 없는 자)
(2) 간첩으로 만주에 여러 번 잠입하여 줄곧 이런 활동을 한 자(친소 또는 반일심을 품고 이용 가치가 없는 자)
(3) 범죄자가 재판에 회부될 때 석방되거나 단기 구금될 것으로 예상되는 경우(거소가 일정하지 않거나 친족이 없으며 친소 또는 반일 심리를 가지고 있으며 회개의 의사가 없음)
(4) 종전에 간첩 활동을 한 자(유격대원이었거나 이와 같은 활동을 한 자로서 감화교육을 받지 아니한 자)
(5) 기타 비밀활동과 관련되거나 비밀사항의 참여로 인하여 그 생존이 군과 국가에 극히 불리한 경우
(6) '특별이송'된 다른 범인과 동일한 사상자(범행이 경미하나 석방하기에 부적당한 자)

2. 사상범

(1) 재판에 회부될 경우 사형 또는 무기징역에 처할 것으로 예상되는 자

(2) 다른 비밀활동과 관련된 사람이나 비밀사항에 참여함으로써 군과 국가에 극도로 불리한 존재

등으로 규정하고 있다.

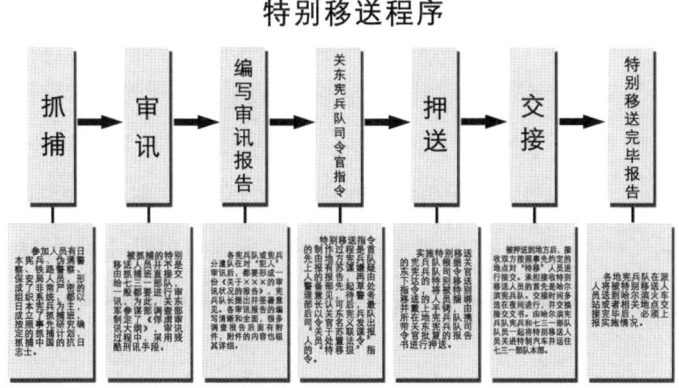

▲ 특별이송 절차

특별이송(피실험자)의 통계 수치는 다양한 자료에서 의견의 불일치를 보인다.

〈표3〉 특별이송 피실험자(特別移送 被實驗者) 인원

해설자료(解說 資料)		발견(發見)			증언(證言)		추정(推定)		
731 진열관 (731 陳列館)	평화 자료관 (平和 資料館)	헤이룽장 성당안관 (黑龍江省 檔案館)	지린성 당안관 (吉林省 檔案館)	金成民 (細菌戰) 統計表	川島淸	吉房虎雄	金成民 (細菌戰) 敍述	張志强外	楊玉林外
1,549	1,549	52	277	298	3000	5000	7000~9000	1,000~1,200	7,000~8,000

(저자 정리)

'〈표3〉 특별이송 피실험자(特別移送 被實驗者) 인원'에 의하면, 헤이룽장성 당안관 52건은 헤이룽장성 내이고, 지린성 당안관 277건은 지린성과 헤이룽장이 포함되어 있다. 진청민(세균전)은 두 기관을 합친 것이다. 731 진열관과 평화자료관의 1,549건은 최근 새롭게 발견된 명단을 추가한 것이다. 즉, 과거의 발견에서 현재에 따라 숫자의 차이가 있다. 추정치는 증언자의 의견을 바탕으로 한 것으로 편차가 있다.

≪731 부대 죄행철증: 관동헌병대≫의 〈특수운송〉 자료에 의하면, 696건의 침화일군관동헌병대의 〈특수운송〉 일본문서에서 발췌한 51건을 편찬하여 소개하였다.[26]

헤이룽장성 당안관에 수장된 침화일군관동헌병대[27] 〈특별당안〉에

---

26) 중국 헤이룽장성 당안관, 중국 헤이룽장성 인민 대외우호협회, 일본ABC(원자력, 생물, 화학) 기획위원회, ≪731 부대 죄행철증:관동헌병대≫ 헤이룽장 인민출판사. 2001년
27) 일본관동군 헌병대는, 1906년 9월 1일에서 1919년 3월 1일까지 본부가 뤼순에 있고, 다롄, 랴오양, 봉천, 안동, 철령, 장춘 등 7개 분대가 있었다. 그러나 관동도독부의 폐지에 따라, 1919년 4월 1일에서 1931년 9월 19일까지 안산제철소 설립으로, 안산 헌병분유대

는 1941년부터 1944년까지 형성되었다. 그중 대부분 1941년 7월부터 9월, 동안헌병대(東安憲兵隊), 호림헌병분대(虎林憲兵分隊), 호두헌병분유대(虎頭憲兵分遺隊)에서 피포된 소련홍군군사정보원(蘇聯紅軍軍事情報員)을 비밀신문 후, 관동헌병 사령부 지시에 의해 〈특수운송〉으로 형성되었다. 본 기록(당안)은 중국 동북 식민통지 14년 기간, 일본 군국주의에 의해서 대량으로 형성되었다.

1945년 8월 15일 일본 투항 전날 저녁, 관동헌병 사령부는 장춘에서 철수 시, 막대한 죄증의 기록을 불태웠다. 또는 땅속에 매장하였다. 이 〈특수운송〉 기록은 그중 일부분이다. 1968년 11월 헤이룽장성 당안관에 수장된 자료를 헤이룽장성 적당안사무실(黑龍江省淸査敵僞檔案班公室)에서 이 기록을 접수, 보관하여 관리하고 있다. 1997년 7월 〈특수운송〉 자료는, 헤이룽장성 당안관 열람자료에서 제공받아, 헤이룽장성 텔레비전에서 침화일군제731부대죄증진열관과 함께 방영하였다. 당시 침화일군제731부대죄증진열관 연구자인 진청민은 당안중 〈특수운송〉 자료를 발견하였다. 그리하여, 헤이룽장성 당안국에서는 더 심화하여 발굴하였고 〈특수당안〉 66건을 발견하였다. 그중 각 헌병대에서 피포된 사람은 52명이었다. 그중 헌병사령부의 서명으로 확인된 피

가 봉천의 직속으로 이어진다. 그 후 중국의 열하(熱河)에서 중국 본토 침략으로 1933년 1월부터 1937년 7월 자기 간도 지역이 조선군 군할로 귀속되고, 대부분 지역이 관동군헌병대로 귀속된다. 중국 본토에서 태평양 전쟁 시작인 1937년 7월 7일부터 1941년 12월 8일, 헌병대가 3,000명으로 증가된다. 태평양 전쟁부터 일본 투항 시기인 1941년 12월 8일부터 1945년 8월 15일까지 3,200명으로 증설된다. 주로 사상, 방첩, 첩보 업무를 추가하였다. 특히 조선인이 〈특수운송〉된, 연길 헌병대 본부는 연길분대(롱징 분유대, 개산툰 분유대), 도문분대(왕칭분유대, 김창분유대), 훈춘분대(춘화분유대)로 구성되었다.

포자는 42인이었다.[28]

그 후 2000년 10월부터 2002년 5월에 다시 〈특별운송〉 기록을 헤이룽장성, 랴오닝성, 산둥과 베이징 등에서 실증 조사를 하였다. 추적조사에서 일본 세균전 죄악사 연구 중 세균실험 피해자 가족 및 증인에 대하여 발견하였다. 21개 건 〈특별운송〉의 피해자와 가족과 직간접 피해자가 수백 명에 달했다. 대량의 가족 족보, 사진, 피해자 유물 등 실증적 증거를 찾은 쾌거였다. 2001년 지린성 당안관에서 공포한 277명의 〈특별운송〉자 중 대다수가 헤이룽장인이었다. 이중 동녕헌병대 '특이급' 처리 명단상 유문수, 성맹샹, 손복발, 주전평 등 4사람의 이름을 찾았다. 헤이룽장성 당안관 '특별운송' 당안 중 '특이급' 지령의 10명 중 4명을 확인하게 되었다.

1938년 1월 26일, 관동헌병대사령부 경무부에서는 〈제58호, 특수운송에 대한 문제 규정〉으로 〈특수운송〉, 〈특별운송〉, 〈특이급〉으로 규정하였다. 〈특별운송〉은 일군 각 헌병대, 헌병분대, 헌병분유대 등이 피포(被捕)자에 대해서, 직접 비밀 심문을 진행하고, 심문 보고에 대해 상급 관동 헌병대 사령부에 보고하였다. 사령부 비준 후, 비밀리에 731부대로 운송하였다. 후에 세균실험을 진행하고 잔혹하게 살해하였다. 즉 관동군헌병대 사령부 차원의 조직적이고 체계적인 개입으로 형성된 역사적 참상이다.

---

28) 中國黑龍江省檔案館, 中國黑龍江省人民對外友好協會, 日本ABC企劃委員會, '731'部隊罪行鐵證:關東憲兵隊 '特殊運送' 檔案, 黑龍江人民出版社. 2001年

被"特别移送"到731部队部分"苏谍"人员调查表

序列	姓 名	性别	国 家	被捕和特别移送时间、地点、经过	备 注
1	李基洙	男 28 岁	朝 鲜	原籍在朝鲜咸镜北道新兴郡东兴面，1941年7月20日在间岛省珲春县春化村抬马沟被捕。	延宪高第 673 号
2	韩成镇	男 30 岁	朝 鲜	原籍在朝鲜咸镜北道城，居住在间岛省珲春县春化村杜荒子屯第2牌，农民。1943年6月25日被捕。	间宪高第 386 号
3	金圣瑞	男	朝 鲜	原籍在朝鲜咸镜北道吉州面，居住在间岛省珲春县镇安村马滴达屯第8牌，1943年7月31日被捕。	间宪高第 418 号
4	高昌律	男 42 岁	朝 鲜	原籍在朝鲜江源道淮阳郡兰谷面，居住在间岛省珲春街大同区第9牌，从事饮食业。1941年7月25日被捕。	间宪高第 418 号
5	姜巴拉江吉	男	蒙 古	1944年3月，满洲里宪兵分队长、少尉森三吾命令扎来诺尔分遣队长、准尉佐藤，在嵯岗车站西12公里的村庄将8名老百姓逮捕，后将姜巴拉江吉、彭志克达西特别移送至731部队。	119-2-708-1 第 4 号
6	彭志克达西	男	蒙 古	同　　上	同　　上
7	德姆琴科	男	苏 联	1939年秋在诺门罕战场被日军俘虏，后押至哈尔滨香坊保护院集中营，刑讯拒不招供。后经哈尔滨特务机关批准，特别移送至731部队。	《审判材料》
8	柯基姆洛夫	男 22 岁	苏 联	1944年6月，根据86部队情报，哈尔滨宪兵队在哈尔滨马家沟逮捕无线电谍报工作者白俄柯基姆洛夫，后特别移送至731部队。	119-2-894-1 第 5 号

▲ 특별이송 731 부대 인원 조사표(1)

序列	姓 名	性 別	国 家	被捕和特別移送时间、地点、经过	备 注
9	2人名不祥	男	苏联	1940年6月，哈尔滨警察局司法科长按哈尔滨宪兵队的电话要求，命令大武雄警佐选择2名苏联人，由宪兵队来车押送至731部队。	119-2-33-1 第4号
10	叶克塞也夫 等2人	男 25岁	苏联	1941年6月，哈尔滨宪兵队出动汽车到哈尔滨警察局司法科拉10多个中国犯人送往731。其中包括因越境而被捕的苏联士兵叶克塞也夫等2名苏联人。	119-2-33-1 第4号
11	8人名不祥 (情报工作者)	男	苏联	1941年7月，哈尔滨警察厅司法科逮捕2名苏联人，外事科逮捕6名苏联人。据松本英雄证实，这8人被特别移送至731部队。	119-2-856-1 第4号
12	阿该恩妮娅·巴斯洛	女 52岁	苏联	原籍苏联扎伊卡尔，住在三江省抚远县海青村国富屯。	关宪高第516号
13	张意忠 (张文善)	男	中国	1941年7月16日凌晨，牡丹江宪兵队在牡丹江市六马路将刚发电报的张意忠逮捕。白天又在牡丹江车站将三名情报员逮捕审讯后，于秋季通过哈尔滨宪兵队特别移送至731部队。	牡丹江国际反帝情报站长、谍报员 119-2-894-1 第5号 黑公安厅苏特 04-10
14	朱之盈	男	中国	同 上	同 上
15	孙朝山	男	中国	同 上	同 上
16	吴殿兴	男	中国	同 上	同 上
17	赵殿卿	男	中国	1941年3月，北安宪兵分队在北黑线301列车上发现赵殿卿携带苏联发的居住证，渥美少尉等三人奉命跟踪，在通化车站将其逮捕，后特别移送至731部队。	119-2-329-1 第5号
18	刘相征	男 36岁	中国	1940年9月，嫩江宪兵分队上等兵弘田利光发现由漠河潜入的中苏同盟派遣的情报员刘相征，跟踪到嫩江战后交由孙吴宪兵队跟踪逮捕，由孙吴宪兵队特别移送至731部队。	119-2-821-1 第4号
19	赵福元	男 30岁	中国	1943年2月，奉天宪兵队在白城堡逮捕苏联无线电工作者(国际情报组织奉天站)赵福元等2人于6月11日特别移送至731部队。	119-2-143-1 第5号

▲ 특별이송 731 부대 인원 조사표(2)

요미후사 도라오(吉房虎雄)29) 증언에 의하면, "1944년 무단장 헌병대장 히라키 다케시(平木武)30)가 간첩 죄명으로 중국정보원이 피포되었다. 장기적 고문 후 특별이송 처리되었다."라고 증언하고 있다.

〈특별운송〉 대다수는 소련 간첩 죄명으로 피포되었다. 소련 정보원으로 직간접적으로 관련이 있다. 또한 일부는 중국 항일운동에 참여하였다.31)

마루타로 희생된 조선인은 누구인가?

현재 731 부대에서 특별이송 희생자 중 조선인은 5명이다. 이기수, 한성진, 전성서, 한창진이다(심득룡은 별도 기술). 그중 조선인에 대한 기록이다.

이기수(李基洙), 남자, 조선인, 28세, 원적 조선함경북도 신흥군 동흥면, 1941년 7월 20일 23시 30분, 연길 헌병분유대 간도 훈춘성 훈춘현

---

29) 관동군 헌병사령부 제3과장
30) 둥안 헌병대 대장, 무단장 헌병대 대장
31) 당안관에, 〈특수운송〉 된 피해자의 성함을 기록한다.
"유은(남〈 39세), 성계제(남, 35세), 동전전(남, 55세), 계홍전(남, 51세), 유한승(남, 48세), 장성문(남, 28세), 조성충(남, 33세), 전립순(남, 40세), 유세걸(남, 38세), 안홍훈(남, 20세), 국은장(남, 32세), 이후빈(남, 32세), 소개신(남, 41세), 장진기(남, 37세), 원미진(남, 40세), 장여성(남, 47세), 우금희(남, 32세), 교길명(남, 44세), 왕명춘(남, 34세), 임전증(남, 38세), 왕진달(남, 25세), 주운곡(23세), 유문두(남, 39세), 유원걸(남, 25세), 단풍루(남,43세), 양길림(남, 54세), 황문졸(미상), 이장의(미상), 주경성(미상), 서자봉(미상), 장충청(남, 40세), 유보호(남, 32세), 장류신(미상), 왕근산(남, 38세), 마상문(남, 27세), 유위평(남, 60세), 왕조유(남, 34세), 오춘복(남, 32세), 당영금(남, 38세), 당문성(남, 37세), 조신귀(남, 43세), 오천귀(남, 26세), 변인박(남, 22세), 유문수(남, 30세), 손복발(남, 23세), 설맹상(남, 33세), 재경순(남, 59세), 이복림(남, 23세), 이화현(남, 28세), 주전평(남, 28세), 기선도(남, 26세), 장흥화(남, 49세) 총 52명

춘화촌 대마곡에서 피포됐다. 연길헌병대 분유대에서 〈연헌고등 (673호〉 신청에 대해 특별이송 처리되었다. 관동헌병대는 1941년 9월 4일 관헌고등 882호 지령으로 비준하고, 연길헌병대 `연선고등 752에 근거하여 보고되었다. 이 기수는 직접 하얼빈 헌병대 본부로 이송되었다. 28세 젊은 모습을 담은 사진이 선연히 남아서 역사를 증명한다.32)

▲ 특별이송된 조선인 이기수 모습

한성진(韓成鎭), 남자, 조선인, 30세, 농민, 원적 조선 함경북도 경성, 간도성훈춘형춘화촌 황자툰 제2패에서 거주했다. 1943년 6월 25일 훈춘헌병분대에 피포되었다. 같은 해 7월 16일 간도헌병대에 간헌고등 386호로 집행되었다. 특별이송이 처리 신청되었으나, 관동헌병대 특별지령 명령은 미발견되었다.33)

---

32) 李基洙 男, 朝鮮人 时年28岁 原籍朝鲜咸镜北道新兴郡东兴面. 1941年7月20日23时30分, 被延吉 宪兵分遣队在间岛省珲春县春化村抬马沟逮捕, 延吉宪兵分遣队以延宪高第673号申请对其特别移送处理, 关东宪 兵队于1941年9月4日以关宪高第882号指令批准. 据延 吉宪兵队延宪高第752号报告, 已将李基洙直接移送哈尔滨宪兵队本部.

33) 韩成镇 男, 朝鲜人, 时年30岁, 农民. 原籍为朝 鲜咸镜北道镜城. 住址是间岛省珲春县春化村杜荒子屯第 二牌. 1943年6月25日被珲春宪兵分队逮捕, 同年7月16日间岛宪兵队以间宪高第386号, 申请特别移送处理, 目前尚未发现关东宪兵队的特移指令.

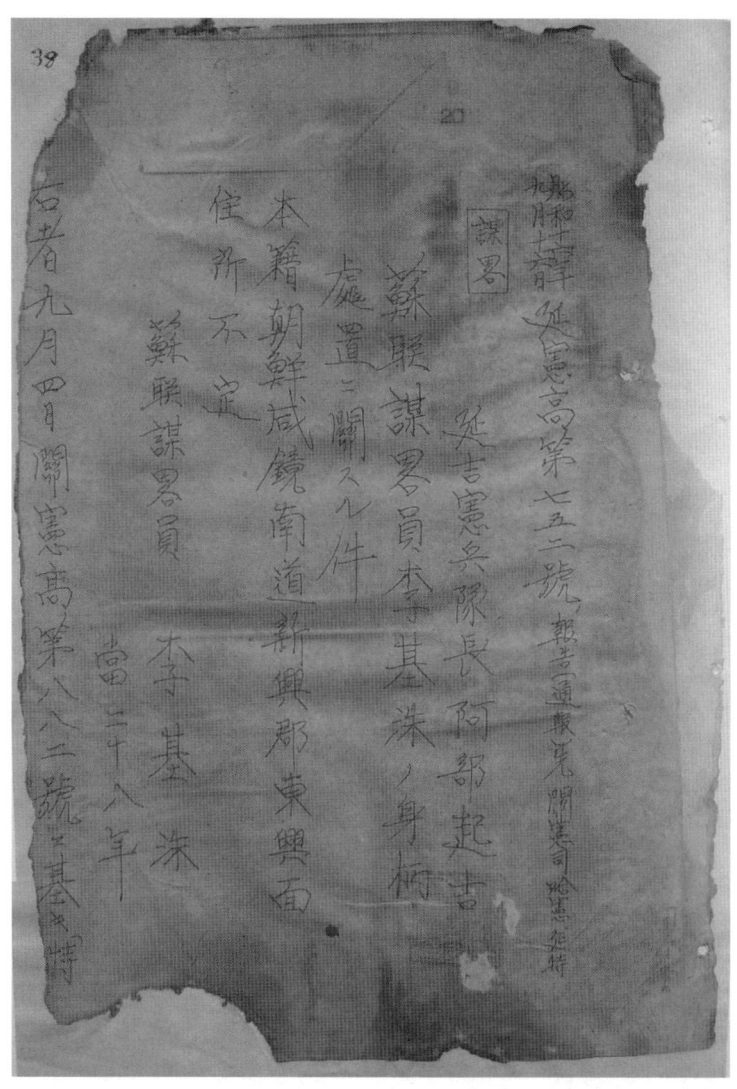

▲ 1941년 9월 16일, 연길 헌병대에서 특별이송된 조선인 이기수 문서(헤이룽장성 당안관)

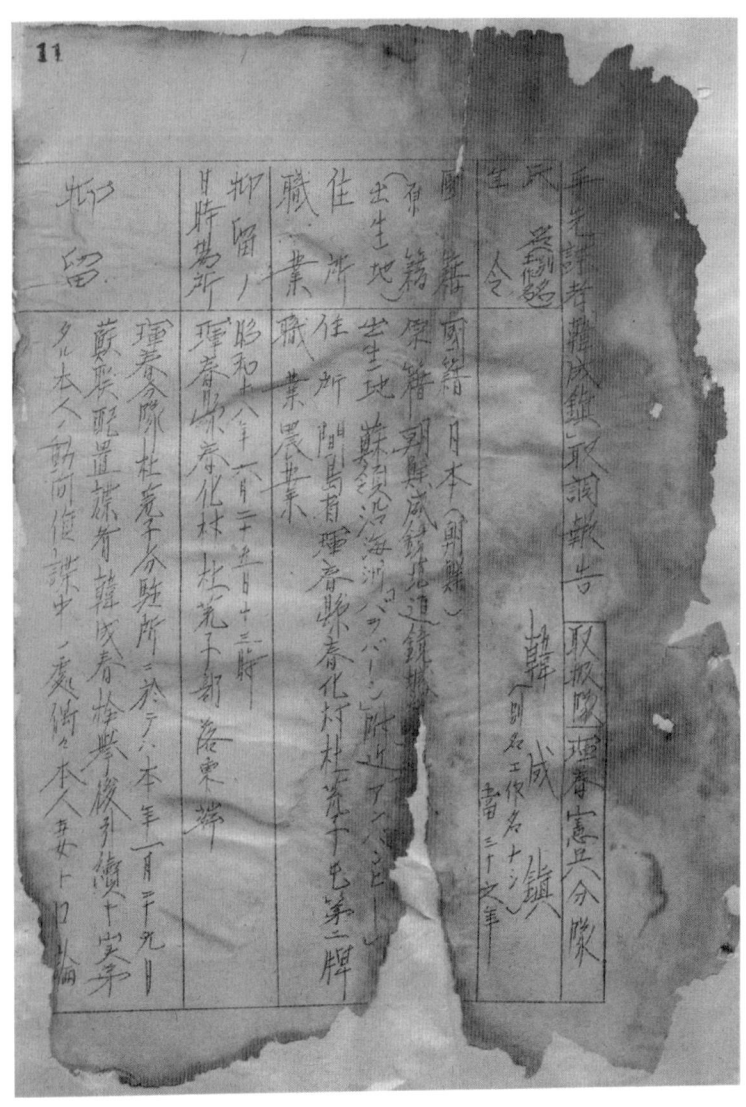

▲ 1943년 6월 25일, 훈춘 헌병대에서 특별이송된 조선인 한성진 문서(지린성 당안관)

전성서(全聖瑞), 남자, 원적 조선 함경북도 길주면, 간도성 훈춘현 진안촌 마저달둔 제8패에서 거주했다. 1943년 7월 25일 훈춘 헌병대에 피포되었다. 7월 31일 간도헌병대에 간헌고등 제418호로 신청되었다. 관동헌병대에 의거 특별이송이 진행되었다.[34]

한창율(韓昌律), 남자, 42세 원적 조선 강원도 준양군 란곡면이고, 간도성 훈춘가 대동구 제9패에 거주했다. 음식업에 종사하였다. 1941년 7월 25일 훈춘헌병대에 피포되었다. 7월 31일 간도헌병대에 간헌고등 418호에 의해 특별이송 처리되었다.[35]

그리고 추가 조선인으로 추정되는 증언이 있다. 노동자 배문재(裵文財)에 따르면, "1943년 4월 어느 날 오후, 핑팡 '협방반(協防班)' 요원이 하얼빈으로 가는 도로에서 행인을 검문하던 중 정황기 오둔 북쪽에서 한 조선인을 발견했다. 그는 신분증명서가 없어 용역반 유치장에 끌려갔다. 다음 날 밤, 헌병 통역 가스카 주니치(春日中日)가 그를 731 부대 사방루(四方樓, 특별감옥 지칭) 건물로 데리고 들어간 후로 나오지 않았다고 증언했다.

---

34) 全圣瑞 男, 原籍朝鲜咸镜北道吉州面. 住址为间 岛省珲春县镇安村马滴达屯第八牌. 1943年7月25日被 珲春宪兵分队抓捕, 7月31日间岛宪兵队以间宪高第418号申请, 向关东宪兵队提出对其进行特别移送, 有关指令 尚待进一步查找.

35) 韩昌律 男, 42岁. 原籍朝鲜江源道淮阳郡兰谷面, 被捕时住址为间岛省珲春街大同区第9牌, 从事饮食业. 1941年7月25日被珲春宪兵分队逮捕, 7月31日间岛宪 兵队以间宪高第418号申请特别移送处理. 有关指令尚待.

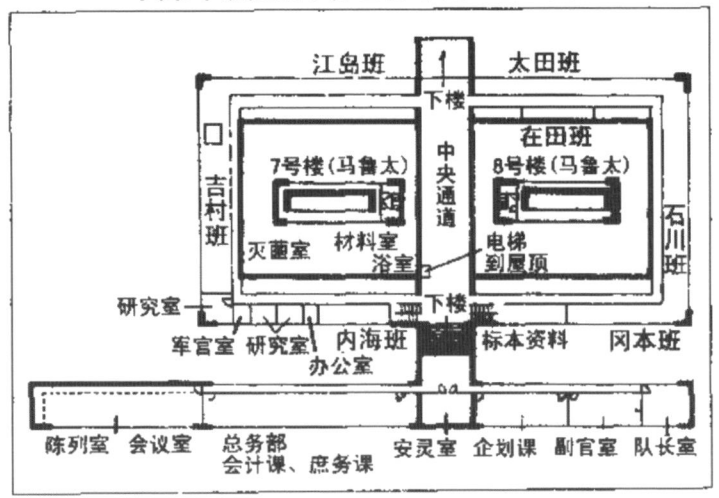

▲ 특별감옥 구조도

▲ 건설 중인 세균실험실과 특별감옥

〈특별운송〉의 대부분은 중국인이다. 외국인으로는 러시아인 (바스로, 여, 52세), 더무스투이, 치와금이만 더니소위치(남, 32세)가 확인된다. 1945년에 근무한 야마와겐지(山岩研二)36)의 증언에 따르면, 40여 명이 있었다. 그리고 1940년대 초 젊은 허란인(네덜란드)은 소련군 정보원으로 근무하였다. 일본 헌병대에 피포되어, 위험 분자로 분류되었다. 그리고 731 부대에 보내져 '실험 재료'가 되었다. 40년 후 그의 가족이 731 부대 유적지에 찾아왔다.37) 일본인도 있었다. 기타 국적으로는 몽골인, 미국인 등이 있다. 대략 중국, 조선, 일본, 러시아, 몽골, 네덜란드, 미국 등 현재 7개 국민이 피해를 본 것으로 파악된다.

▲ 특별감옥 반장 이시이 다쓰오
(이시이 시로 형)

기록 중, 상부 보고를 위하여, 〈隊長 所見〉이라는 붉은색 종이가 문서에 붙어, 직인이 날인된 채로 보고에 수정 견해를 밝혀놓은 기록도 상당히 발견되었다.

문서 가필로는 〈隊長所見〉 特移扱, 適當, 認, 關東司, 指示成度이 있다.

---

36) 하얼빈 일본 특무기관 샹팡 보호원 부원장 겸 정보조사과 과장, 육군 대위
37) 一位年轻的荷兰人在40年代初, 作为苏军的 情报人员, 在我国的边境地区 执行侦察任务, 不幸被日本 宪兵逮捕, 并认定他是危险分子, 也被送到731部队作为 '实验材料'

하얼빈에서 핑팡으로 〈특수운송〉으로 운수한 방법을 알 수 있다. 1949년 12월 25일부터 30일까지, 하바롭스크 빈해군사지역 군사법정 심판 중 구라카즈 이치와레(倉員一吾)[38])의 증언에 의하면, 1940년 3월부터 731 부대 헌병반에 1년간 근무했다고 한다. 헌병반원은 3명이었다. 임무는 〈부대업무인원의 헌병업무〉와 〈하얼빈 운송에서 731 부대 인범〉이다. 헌병대 본부에서 전화 연락이 오면, 접수 인원에게 통지한다. 다사카 치하루(田坂千晴[39])) 조장 지시에 의해, 두 사람은 전문호송차를 타고 하얼빈역으로 간다. 먼저 하얼빈역 헌병분유소에 도착하여 하얼빈의 근무 헌병과 같이 731 부대로 운송한다. 야간에 운송하며 호송차에 태워 핑팡역에 도착하면 위병소에 연락하여 내부 감옥 근무 인원에게 전화하고, 근무자가 파견되어 특별감옥으로 보낸다.

〈특별이송〉에 투입된 인원은, 장려금, 진급 또는 영전을 하였다. 그리고, 〈특별이송〉 활동에 참여한 단체를 보면, 규정 제정은 일본 관동헌병대이다. 이하, 비밀 경찰기관 보안국, 국경 경찰대, 각급 위만 경찰기구(해상 경찰대, 삼림 경찰, 국경 경찰대, 경찰 경비대), 철도경호 총대, 헌병 특무기구 등이다. 〈특별이송〉 기록은 일본 군대가 저지른 중국 침략, 참상의 중대한 증거인 역사적 기록이다. 그러나 일본 글로, 일본인의 이름, 일본인이 가필한 사료를 직접 보고도, 일본관동헌병대〈특별이송〉 기록을 본 일본은 〈731 부대〉 죄행의 유력한 증거를 부정하

---

38) 731 부대 헌병반 조장, 1915년 출생, 1940년 제731 부대 헌병실로 전근, 1945년 8월 러시아군에게 체포되어, 1949년 러시아 군사 법정에 출석하여 증언하였다. 일본으로 후에 돌아갔다.
39) 731 부대 헌병실 실장 준위였다.

고 있다. 이는 역사의 부정이다. 보고 싶은 것만 보고픈 것이다. 일본 관동헌병대 〈특수이송〉 기록은 명백한 죄증이다. 인체실험의 명백한 증거이다.

제5장
역사의 지우개
: 전부 태워라! 죽여라! 폭발하라!

731 부대는 1945년에 150동 건물이 있었다. 그러나 1980년에는 난방급수시설 2개의 큰 연통만 남았다. 이는 진실을 은폐하기 위한 일본 제국주의의 역사 지우개가 동원된 것이다. 태평양 전쟁 이후 패전을 거듭하던 일본은 세균전을 확대하여 전쟁의 최후 발악을 하였지만, 전황을 돌리지 못했다.

1945년 8월 10일 관동군 사령부는 이시이 시로에게 "직접 와서 명령을 접수하라."는 급전을 했다. "제731 부대는 정황에 따라 임기응변하라."는 명령이다. 철수하여 도망가라는 것이다. 당일 이시이 시로는 731 부대 철수에 관한 회의를 했다. 모리무라 세이치로의 ≪악마의 포식≫에 의하면, 이시이 시로는 731 부대 철수, 5가지 조건을 제시하였다.

첫째, 731 부대의 비밀을 죽을 때까지 지켜야 한다.
둘째, 731 부대 각 지부의 증거를 소각하고 전체 지부 대원들에게 자살하라는 명령을 하달했다.
셋째, 도고 타운의 731 부대 군속도 전부 자살하라는 명령을 준비하였다.

넷째, 모든 마루타를 살해와 동시 세균 공장을 폭발하라는 것이다.

다섯째, 731 부대 전체 대원들을 모두 통화(지린성)로 철수하라는 것이다.

그러나 '지부의 대원과 도고 타운의 군속 자살' 명령을 기쿠치 사이[40] 소장과 대원들은 강력히 반대했다. 결론적으로 이시이 시로는 지부의 대원들과 군속 모두를 데리고 함께 철수하는 데 동의했다. 이시이 시로는 731 부대 세균실험 자료와 균종을 일본으로 가져갈 준비를 했다. 이 회의 후 731 부대는 철수 전 진행을 하였다. 자료 제거, 건물 제거, 살인 증거인멸, 그 후 각 지부도 동일한 절차로 진행되었다.

우선, 모든 증거를 소각 처리했다. 731 부대 대원들은 문서와 자료를 정리해 묶어서 상자에 넣은 후 마차와 자동차로 동력반 보일러실에 가져가 일제히 소각 처리를 했다. 세균을 담은 유리병, 현미경, 시험관 등 의료기기도 태웠다. 또한 사방로(특별감옥) 건물과 무기고, 동물 사육장을 불태우고 폭파했다. 도고 타운도 불태웠다. 일본군 제131여단 제79부대 센다 겐자부로(千田謙三郞) 중위의 자백에 의하면, "이시하라

---

[40] 와카데현 출신, 731 부대 제1부(세균연구부)의 마지막 부장이 된 군의 소장으로 핵심 요원이다. 731 부대에서 가장 오래 근무한 의학박사이다. 이시이 부대장도 그를 존중했다. 1945년 8월 10일 이시이 중장이 부대 사후 처리에 관한 회의에서 5개 명령을 제안했을 때 반대했다. '제731 부대는 대원 가족을 안전하게 철수시켜야 할 책임이 있으므로, 절대 우리와 생사를 같이 한 가족들을 쉽게 버려서는 안 된다.'라고 주장했다. 기쿠치 소장의 의견은 대다수 고위층 군관들의 지지를 받아 이시이 부대장은 할 수 없이 그 명령을 변경하였다. 부대의 증거를 소각한 후 기쿠치 소장은 부대의 고위층 군관들과 같이 평팡에서 철수하여 부산에서 배를 타고 일본으로 돌아갔다.

공병대 대장은 13일 핑팡의 모든 건물을 폭발시켰다. 폭발 소리가 하얼빈 시내까지 들렸다." 사방로 특별감옥은 견고하여, 건축물의 바닥과 계단 밑에 깊은 구덩이를 파고 여러 곳에 폭약을 설치하여 폭파하였다. 2014년에 사방로 특별감옥 폭발 현장은 지하에 매립된 것을 찾아내어 전시하고 있다.

▲ 폭파된 세균실험실과 특별감옥

살인 증거를 인멸하기 위하여 마루타를 독살하였다. 731 부대 운전기사 스즈키 스스무(鈴木進)41)의 증언에 의하면, "나도 어디서 온 부대

---

41) 731 부대 총무부 군수과에서 근무했다. 건축원이며 자동차 기사이다. 1945년 8월 통화로 도망갈 준비를 했으나, 자동차를 불태우고 아내와 같이 열차를 타고 부산을 거쳐 일본으로 돌아갔다. 치바현 산부군에서 살았다.

인지 모른다. 많은 공병이 와서 독가스로 죄인들을 전부 살해했다. 7동과 8동에는 약 80명이 있었다.[42] 마루타를 독가스로 독살하고, 사체는 매립이나 쑹화장에 유기하였다. 대부분 청소년 대원이 동원되었다. 또한 731 부대에 근무하는 노동자를 보복하였다. 각 지부에서도 증거인멸을 시도하였다." 제1855 시노다(矢田)[43] 부대 2등 위생병 마쓰이 히로하루(宋井寬治)[44]는 "8.15 전쟁은 끝났다. 세균연구소를 3일간 꼬박 파괴하였다. 큰 구멍을 파고 벼룩을 넣고 휘발유를 뿌렸다. 중요 서적과 세균, 배양 기구도 불태웠다."라고 증언했다. 본부에서 각 지부까지 철저하게 증거인멸을 시도하였다.

그 후 일본으로 도주하였다. 대체로 1945년 8월 9일부터 시작하여 29일이었다. 먼저 열차 1대에 20량, 15대 열차를 준비하였다. 대략 2,500명을 철수시켰다. 이시이 시로 등 고위층은 비행기를 타고 도주하였다. 731 부대 소년 대원이었던 야마우치(山內)는 다음과 같이 증언했다.

"그 며칠 상당히 혼란스러웠다. 수비대를 구성하고 철수계획을 정했다. 나는 기숙사 구역의 경비를 책임졌다. 부대에서 가족을 먼저 철수시키기로 정하였기에 전용 열차 한 대가 이미 철도 레일 위에 대기하고 있었다. 남자 대원들이 명령에 따라 증거를 소각할 때 여자 대원들과 군속들은 짐을 준비하였다. 그들이 철수하면 우리는 임무를 집행

---

42) 金成民等, ≪跨国取证七三一≫, 黑龙江人民出版社, 2002年, 22p
43) 베이징에 설립되었다.
44) 제 1855부대 제 3과 2등 위생병이다.

하는 대원에게 임시 거처만 남기고 기타 건물은 모두 폭파하라고 했다. 원래 우리 제4기 소년대원들이 제일 먼저 철수하기로 결정되었는데, 임시 임무가 하달되면서 우리 철수 시간은 8월 12일로 변경되었다. 모두 일본 투항 날을 알고 있기에 앞다투어 기차역으로 몰려갔다. 전용 열차는 여러 번 멈췄다. 15일에 신징(新京, 지금 장춘) 역을 통과하여, 18일 한국 부산에 도착하였다. 일본 야마구치(山口)현 하기(萩) 항구에 도착한 것은 8월 30일이었다. 이시이 부대장은 앞으로 어느 대원도 731 부대의 신분을 폭로해서는 안 된다고 했고. 서로 연락해도 안 되고, 유사한 직업에 종사해도 안 된다며 반드시 명심해야 한다는 식의 훈계를 들었다."

효고현의 미조부치 도시미(溝渕 俊美, 1922년생)가 1995년에 쓴 ≪불타는 핑팡(平房燃ゆ)≫에 의하면, 철수 과정은 자세하고 구체적이다. 미조부치 도시미는 1943년부터 731 부대 교육부에서 근무했다. 교육반 육군 위생오장(敎育班陸軍衛生伍長)이었다. ≪불타는 핑팡≫ 기록은, 소련 공격에 이은 731 부대 파괴 및 증거인멸 작업, 귀국 작전 등이 날짜별로 상세히 기록되어 있다.[45]

1945년 8월 9일, 소련이 참전하였다. 731 부대에서는 증거물을 소각하는 등 퇴각 준비를 시작했다. 이른 아침부터 731 부대 본관 안뜰에서 ○○(역자: 구체적으로 명기하지 않음) 처리, 오후 고등관 상당의 군속(제1부 연

---

45) 하세가와 사오리, 최규진, ≪역사비평 132호: 731 부대 관련 조선 관계 자료와 연구 주제 검토≫, 2020년 가을, 역사문제 연구소, 26p

구관급)과 그 가족에게 '부대 전용선로를 이용해 열차에 승차할 것'이라는 명령이 내려져 하얼빈역, 신징역, 안둥역(현 단동)을 경유하는 노선으로 출발하였다. 8월 10일, 연구반에 직속된 의사 약사, 수의사를 제외한 군속들이 전날과 같은 노선으로 열차를 타고 출발하였다. 8월 11일에는 기타 일반 군속들도 출발하였다. 8월 12일에는 소년대원들이 출발, 본부 안뜰에서 했던 작업 완료(역자: 작업을 구체적으로 명기하지 않았다. 문맥상 마루타(인체실험대상)의 처리(살인)를 의미하는 듯), 8월 13일에는 아침부터 공병대가 와서 건물 폭파 작업 진행, 남아 있던 부대원들에게 오후 4시 전용선로에 들어오는 열차를 타고 남하하라는 명령이 내려졌으나 이날은 열차가 들어오지 않았다. 8월 14일에는 마지막으로 핑팡 부대에 남아 있던 대원들이 열차를 타고 조선의 강계(江界)로 이동, 오후 6시 수송 지휘관 오타 기요시[46]의 명령으로 열차가 부대 전용 선로에서 출발하였다. 오후 7시 본선 핑팡역을 출발하였다. 8월 15일 오후 8시 지린성 매화구역에 정차하였다. 8월 16일에는 오전 3시경 통화역 화물조차장에 정차하였다. 통화에 머물고 있던 타 부대와 통화역에서 향후에 대해 논의하였다. 오후 7시 압록강 연안에 정

---

[46] 오카야마 의학 전문학교 졸업, 의학박사, 세균학 전문가. 이시이 부대가 베이인허에 있을 때 군의 대위였다. 이시이 심복 중의 하나. 이시이 부대가 핑팡으로 옮긴 후 소좌로 증진하고, 오타반 주관하여 탄저균을 연구하였다. 1938년 중좌로 승진하고, 1939년 노몬한 세균전을 지휘하고 참가하였다. 1940년 제2부 부장 겸 총무부 부장으로 임명하여 전체 부대의 재무관리, 생산계획, 인사 배치 및 생물무기의 사용과 세균확산, 기생충 설비의 연구 등 작업을 책임졌다. 1940년 12월부터 1943년 2월까지 화남군 방역급수부 부장을 겸임하였다. 저장성, 장시성, 후난성 세균전을 직접 지휘하였다. 1945년 8월 731부대가 철수할 때 수비대 대장으로 살해와 증거인멸과 세균부대의 인원과 군속들을 철수 시켰다. 8월 하순 일본으로 도망간 후 도쿄 스기이구(杉井區) 민간 주택에 제731 부대 지하 본부를 설립하였다. 이곳은 이시이 부대 연락처였다. 책임자 역할을 하다가 미 정보기관에 잡혀 심문을 받았다. 후에 미국과의 거래로 법적 책임을 면제받았다.

차하였다. 8월 17일에는 이른 아침 마지막 열차를 타고 핑팡에서 출발한 일행이 강계역 도착, 선발부대를 수용한 후 다시 남하하였다. 남선(南鮮)의 정세가 악화되었기에 중간에 정차하지 않고 남하했다고 한다. 평양역에서 속도를 줄이지 않고 돌파한 후 경성역을 지나 용산역에서 정차하였다. 용산역에서 거의 하루 동안 머물렀다. 같이 남하했던 부대는 돌연 전투 재개 소식을 들었다며 북상했지만, 731 부대원을 태운 열차는 계속 남하하였다. 8월 20일 정오 전, 핑팡을 마지막으로 출발한 현역 병사가 탄 열차만 먼저 부산항 부두에 도착하였다. 미조부치 도시미는 부대원들에게 부산 시내에 있는 우체국에 만주국 중앙은행이 발행한 지폐를 조선은행권으로 교환하도록 조언하였다. 8월 24일에는 정오가 조금 지났을 무렵 이시이 부대장이 등장하였다. 3,000톤 선박 2척과 상륙용 舟艇(800톤) 8척이 부산항으로 입항하였다. 부대 화물과 군속 수화물을 싣고, 오후 5시경 일본을 향해 부산항을 출발하였다. 8월 25일 오후 5시 관동군 방역급수부 하얼빈 본부 소속 현역 병사를 태운 선박이 일본 항구에 도착하였다. 3,000톤 화물선 2척은 야마구치현 센자키 항으로, 800톤 주정 8척은 야마구치현 히가시 하기 항으로 입항하였다. 8월 27일부터 29일까지 규슈, 시코쿠, 도호쿠 등으로 조직을 구성하여 각 출신지로 이송하였다. 사실상 부대가 해체되었다.

미조부치가 기록한 731 부대의 철수 동향으로, 철수 전 행동, 경로, 방법, 경로 중 행위, 일본 도착 후 경로 등이 자세히 기록되어 있다. 731 부대의 전쟁 막바지 긴박했던 상황을 이해할 수 있다. 731 부대는 패전 후 도주 장소로서 일본으로 갔다. 그 중간지역이 조선이다. 지정학적 연관성이 있다. 731 부대는 한반도를 8일간 통과하면서, 강계, 용산,

부산 등지에서 머물렀다. 특히 용산역에서 하루 종일, 부산에서 화폐 교환을 하면서 일본으로의 철수 준비 중간지로 활용하였다. 여기에 이시이의 등장도 흥미롭다.

두 얼굴의 미국과 소련

야만 의료 범죄를 서로 쟁탈하기 위하여 서방세계를 대표하는 미국과 소련은 731 부대 근무자를 대상으로 회유와 협박이 이루어졌다.

미군 조사와 소련의 개입

미군 조사는 731 부대의 인체실험과 이시이에 대한 세균전 시행 사실 폭로에 관해서 두 차례 시기로 나뉘어졌다. 폭로 전 전기 조사와 소련에 의한 폭로 후 후기 조사였다. 소련은 미국에 인체실험과 세균전 실행에 대해 이시이 시로를 재판받게 하기 위한 요구로 재조사가 필요했다. 조사를 담당한 5인은 세균 전문가였다. 전기 조사 세 사람은 군인이고 후기 조사 세 사람은 군속으로서 PPE 부분(Planning Pilot‒Engineering) 책임자, 벨은 Basic Sciences 부분 책임자였다.

〈표4〉 미국의 731 부대 실험자료 획득 과정

보고년월일	조사담당자	보고명	통칭	실적
1945.11.1	M.Sunders (군의 중령)	Report of scientific Intelligence Survey in Japan September and October 1945	Sunders 보고서	이시이 기관의 지리적 전체상의 파악
1945.12.12	M.Sunders (군의 중령)	Supplementary Biological Warfare Information, 9 November 1945	Sunders 보고서 보완	방역연구보고 8권 확보
1946.5.31	A.T.Thompson (군의 중령)	Report on Japanese Biological Warfare(BW) Activities	Thompson 보고서	
1947.1.9	-	Memorandum from Major-General Vasiliev to Major-genreral Willoughby	소련 통고와 요구	인체실험과 세균전의 고발
1947.6.20	N.H.Fell	Brief Summary of New Information about Japanese B.W. Activities	Fell 보고서	8,000장의 병리 표본의 확보, 주요인물 19인에 대한 60P 보고서 입수
1947.12.12	E.V.Hill & J.V.Victor	Summary Report on B.W. Investigations	Hill & Victor 보고서	8,000장의 병리 표본의 소견 입수

자료원: IWG(The Nazi War Crimes and Japanese Imperial Government Records Interagency Working Group), Select Documents od Japanese War Crime and Japanese Biological Warfare, 1934~2006 Compiled by William H.Cunliffe

1945년 세균 무기를 획득하기 위하여 세균 전문가 머레이 샌더스 (M.Sunders) 중령은 일본에서 조사를 수행하였다. 샌더스 1차 보고서 는 1936~1945년 일본이 공격성 세균을 준비하였으나, 크지 않다고 기술하였다. 1946년 4~5월 톰슨(A.T.Thompson) 중령을 파견 조사하여 톰슨 보고서를 기록했다. 톰슨 보고서에는 일본군은 세균 공격과 방어에 대한 광범위한 연구를 진행하고 군사 활동 사용, 세균 폭탄 살포 방법 연구를 기술하였으나, 주로 조사관의 견해를 적시했다. 톰슨은 이시이 시로, 기타노 마사지 등을 심문했으나 주요 사실은 여전히 은폐했다. 그 후 1947년 테트릭(De trick) 실험 기획부 주임 노퍼트 펠(N.H.Fell)이 일본에 2개월 체류하며 조사를 했다. 이시이 시로 등 20명 이상 조사하면서, 전쟁범죄에 대한 책임을 사면하기로 약속했다. 연합국 총사령부 제2참모부 윌러비 장군에게 조사 보고서를 제출하고, 이시이 시로 등에 대한 기소를 사면해 달라고 요청했다. 그 후 8천여 장의 병리 표본과 주요 19인에 대한 보고서를 입수하였다. 그 후 테트릭 기술국장 Hill은 Fell 보고서에 대한 의문점을 해소하기 위하여, 1947년 일본으로 갔다. Hill은 20여 명의 일본 세균 연구가들과 회담을 하고, 8천 장의 병리 표본 소견을 입수하였다. 슬라이드와 비저균(Pseudomonas mallei, 鼻疽菌[47])), 페스트 탄저에 대한 3권의 해부 보고서를 얻었다.

---

47) 주로 말, 당나귀, 노새가 자연 감염되는 비저의 원인균으로, 사람 및 동물에도 감염되며, 피부가 붉어지고, 침안, 괴저가 일어난다.

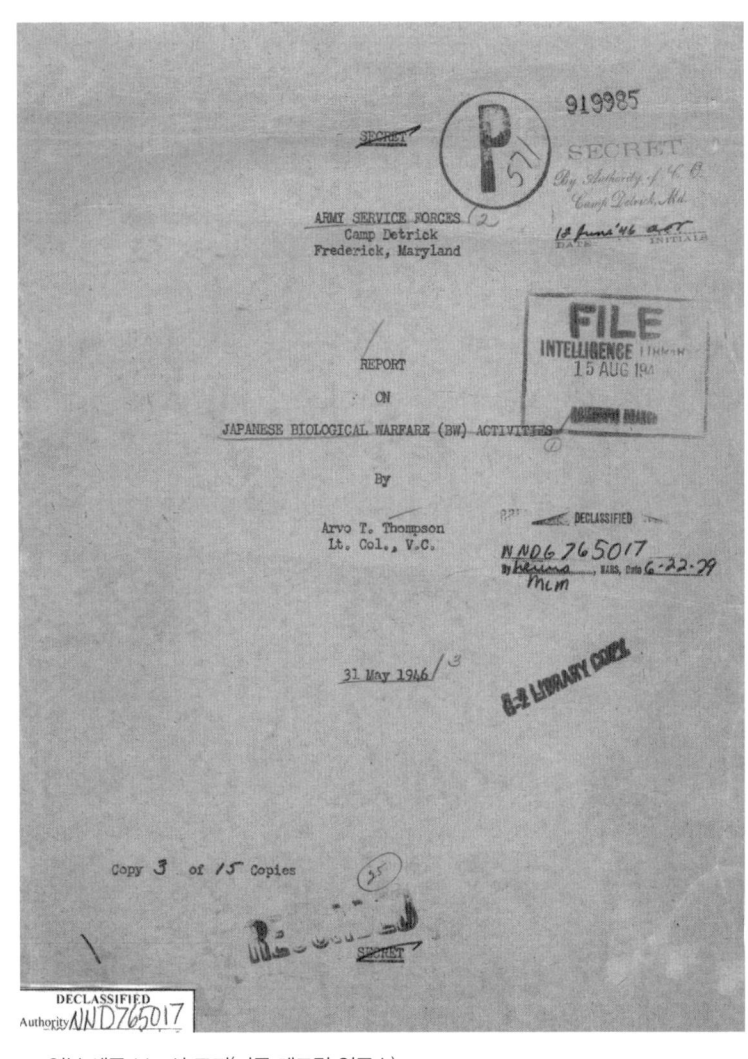

▲ 일본 세균 보고서 표지(미군 테트릭 연구소)

그 결과물로 미국은 Q 프로젝트에 57인 페스트 실험보고서[48]를 작성했다. 현재 미국 의회도서관 과학기술상무부 기록보관소에 보관되어 있다. 1960년 5월 6일 해제되었다. 1943년(9월 25일 – 11월 7일)에 두 지역(만주 Shinkyo: 新京시와 Noan: 農安현)에서 페스트 유행병 조사를 했다. Noan 카운티는 매년 반복적으로 흑사병 유행병이 발생하지만, 반대로 Shinkyo 시는 아직 흑사병 유행병이 발생하지 않았다. 1945년 6월, Noan 지역에서 흑사병이 돌발했다. 이러한 전염병은 점차 인근 지역으로 확산되었고, 결국 약 9월 중순에 통신을 통해 Shinkyo 시에 침입하여 충분한 집단 면역력을 갖추지 못한 주민들 사이에서 대규모로 유행하게 되었다. 그중 18명의 환자가 감염 후 며칠 내 사망했다. 다카하시 박사와 다른 사람들은 역학 및 세균학 조사를 진행했다. 일본어로 작성된 보고서는 1948년 7월 미국 육군에 제공되었다. 9월 29일부터 11월 6일 사이에 이 두 지역에서 사망한 모든 사례에 대해 해부 조사를 수행한 결과이다.

---

[48] Q보고서 서문에 보면, "나는 1943年(9月25日～11月7日), 満洲 신징(현 장춘)市와 눙안현에서 페스트 조사를 했다. 눙안현은 매년 반복적으로 쥐에 의해 페스트가 유행한다. 그러나 신징 지역은 페스트가 폭발적으로 일어나지 않았다. 1945년 6월 눙안에도 페스트가 유행했다. 이 유행병은 만연한 지역에서 점차 확대된다. 대략 9월 중순 신징시에 침입하였으나, 충복한 무리가 면역력을 갖추지 못했다. 그중 18명의 환자가 감염 후 수일 내 사망하였다. 高橋박사와 기타인은 세균병학과 세균학을 조사하였다. 그 결과 1948년 7월 미국 육군에 일본어에 기초하여 제공한다. 나와 기타인은 9월 29일부터 11월 6일까지 두 지역의 사망자 중 대부분의 병 사례를 해부 조사하였다. 아래와 같이 관련 결과를 제시한다."라고 기술하고, 각 신체의 장기 부분을 묘사한 보고서이다.

▲ 731 진열관에 소개된 미국 제공 실험보고서

G 보고서는 21인의 비저균[49] 보고서이다. 보고서는 현재 미국 의회

---

49) G报告, 即鼻疽菌实验报告书, 现保存在美国国会图书馆科学技术与商务部档案室, 是七三一部队进行鼻疽感染人体实验的报告书。报告书记载非常详细, 包括器官病变数据, 传染路径, 感染天数, 死亡原因等, 并绘制了彩色的解剖图子以说明。该档案曾保存在美国达格威试验基地技术图书馆, 于1960年5月6日解密。G报告全文373页, 共有21个人体实验受害者的详细信息。G报告内容为两部分：第一部分是前言, 包括所有人体实验受害者的病例情况以及病变的过程；第二部分是通过显微镜观察各个器官感染和病变的情况, 这些器官包括心脏, 肺, 扁桃体, 支气管和咽部, 肝脏, 胃肠, 脾脏, 肾脏, 胰脏, 肾上腺, 甲状腺, 胸腺, 睾丸, 脑垂体, 大脑, 皮肤, 淋巴结及其他器官等。G报告将人体实验受害者死亡状况分成几类。一是急性期, 共有8个病例, 编号是224号, 180号, 190号, 16号, 176号, 178号, 229号, 档案记载缺失一个号码。病理变化是伴有败血病中毒症状, 器官临近部局部存在败血病病变, 不存在明显的器质性病变。二是亚急性期, 共有7个病例, 编号是167号, 50号, 254号, 85号, 207号, 221号, 193号。病理变化特征是：在大约两周后出现明显严重的全身转移, 尤其是局部肺部病变, 并伴频繁发生的反应性渗出性出血胸膜炎, 由于全身转移, 发生局部严重渗出性病变, 尤其是肺部和肝脏。最后两个病例发生鼻疽病感染导致死亡。三是亚慢性期, 有3个病例, 编号是205号, 146号, 152号。四是较慢性期, 有3个病例, 编号是256

도서관 과학기술상무부 기록보관소에 보관되어 있다. 731 부대에서 실시한 비저균 감염 인체실험보고서이다. 보고서에는 장기 병변 데이터, 전염 경로, 감염일수, 사망 원인 등이 매우 상세하게 기록되어 있으며, 이를 설명하기 위해 다양한 해부도가 그려져 있다. 1960년 5월 6일 기밀 해제되었다.

  G 보고서는 전체 373페이지에 걸쳐 있다. 총 21명 인체실험 피해자에 대한 세부 정보가 포함되어 있다. G 보고서 내용은 두 부분으로 나뉘며 첫 번째 부분은 인간 실험 피해자 사례와 병변 과정을 포함하는 서문이고 두 번째 부분은 심장, 폐, 편도선, 기관지 및 인두, 간, 위장, 비장, 신장, 췌장, 부신, 갑상선, 흉선, 고환, 뇌하수체, 뇌, 피부, 림프절 및 기타 기관을 포함하는 다양한 기관의 감염 및 병변을 현미경으로 관찰한다.

  G 보고서는 인체실험 피해자의 사망 상황을 여러 범주로 나눈다. 첫 번째는 급성기로, 총 8건의 사례가 있다. 번호는 224번, 180번, 190번, 16번, 176번, 178번, 229번이다. 파일 기록에 번호가 하나 누락되어 있다. 병리학적 변화는 패혈증 중독의 증상을 동반하며, 기관 근처의 일부 국부적인 패혈증 병변이 있고 명백한 기질적 병변은 없다. 두 번째는 아급성기로, 총 7건의 사례가 있다. 번호는 167번, 50번, 254번, 85번, 207번, 221번, 193번이다. 병리학적 변화의 특징은 약 2주 후에 현저하게 심각한 전신 전이, 특히 국소 폐 병변과 빈번한 반응성 삼출

号, 727号, 731号。病理特征是由于全身转移造成的肺部, 肝脏, 肠, 淋巴结, 肾脏, 肌肉, 甲状腺等转移性病变。

성 출혈 흉막염을 동반하는 것이다. 전신 전이로 인해 국소적으로 심각한 삼출성 병변, 특히 폐와 간에서 발생한다. 마지막 두 사례는 비저병 감염으로 사망했다. 세 번째는 아만성기로 3건의 사례가 있다. 번호는 205번, 146번, 152번이다. 네 번째는 비교적 만성기로, 3건의 사례가 있다. 번호는 256번, 727번, 731번이다. 병리학적 특징은 폐, 간, 장, 림프절, 신장, 근육, 갑상선 및 기타 전신 전이로 인한 전이성 병변이다.

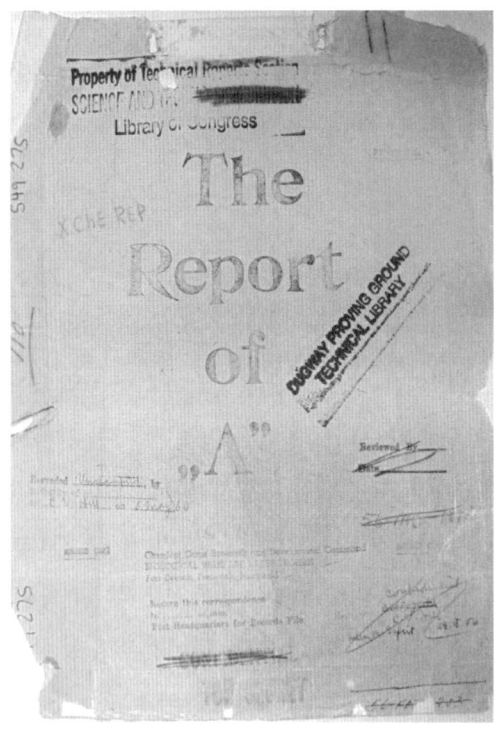

▲ A보고서 표지

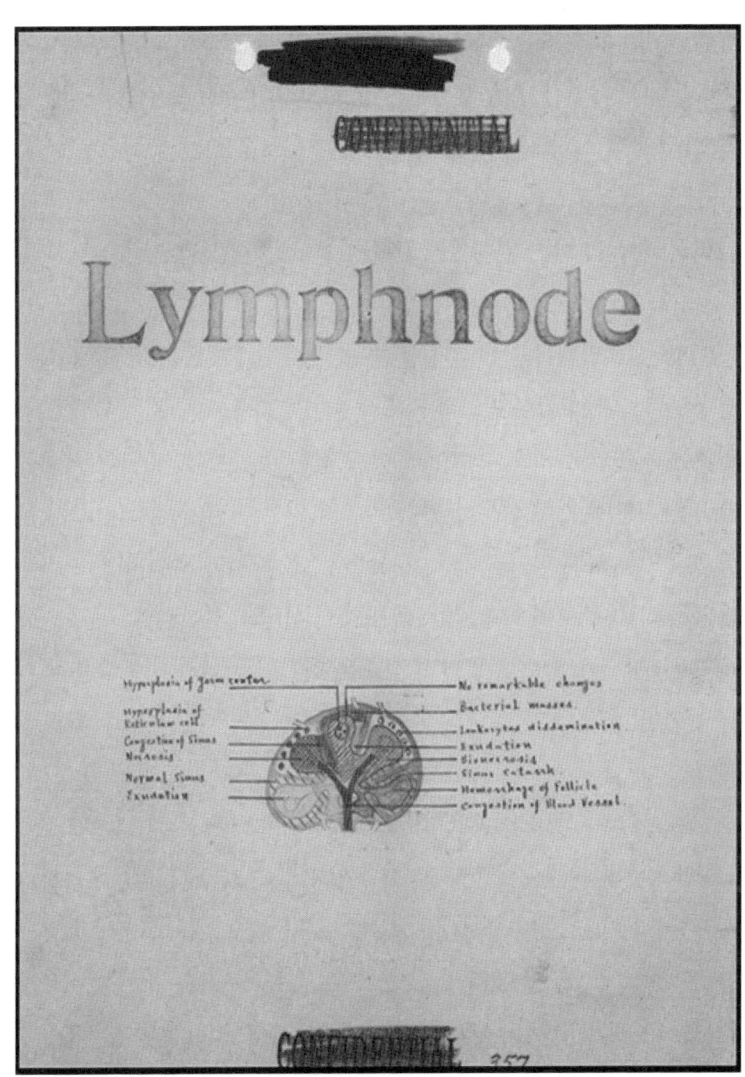

▲ A 보고서 내용(인체 기관 임파선에 감염된 사례)

A 보고서에는 30개의 탄저균 실험보고서를 기술하였다. 현재 미국 의회도서관 과학기술상무부 기록보관소에 보관되어 있다. 1960년 5월 6일 해제 되었다. 피부감염 1 사례, 경구감염 9예, 비강 호흡을 통한 감염 20 사례를 기록하고 있다.

미국, 양심과 바꾼 인체실험 결과

이시이 등 범죄자 사면 과정을 보자. 1946년 1월 중순, 연합국 최고 사령부는 이시이 시로가 고향 치바에 숨어 있다는 정보를 입수하였다. 일본에게 연합국 최고 사령부로 넘길 것을 명령했다. 이시이 시로는 감금 상태로 톰슨이 심문하였다. 1946년 일본 전범에 대한 기소 업무를 책임지는 국제 검사국에서 이시이 시로를 재판 신청했지만, 거절됐다. Fell의 기소 사면 약속, 윌러비에 대한 사면 요청이었다. 미국 연합국 총사령부 제2참모부 윌러비 장군은 맥아더 사령관에게 다음과 같이 제안한다.

"제731 부대 상황을 자세히 알아보기 위해서는 그들 전쟁범죄에 대해 추궁만 하지 않는다면 순조롭게 진행될 수 있다. 1945년 5월 6일 맥아더 사령관은 육군부에 'C52423호 서신'을 보냈다. 소련이 포로 심문 조사서를 보낸 적이 있다. 그중에는 소련에서 체포한 제 731 부대의 중요한 구성원인 가와시마 기요시와 가라사와 도미오 등 많은 진술 내용이 있다.(중략) 소련이 인도 요구를 하고 있는 상황에서 일본인들은 미국과 조건부 거래를 하고자 하는 욕심이 생겨 그들은 주동적으로 인체실험의 결과와 세균전 과정에서 중요한 정보 및 대부분의 비밀 수치를 제공했다. 전범에 대한 재판을 사면해 준다는 면에서 볼 때 이러한 방법은 하급 대원들에게도 적용되었으며 그들로부터 일부 자료를 얻을 수가 있다. 이시이가 제공한 몇 개의 정보를 포함한 기타 수치적인 자료를 진일보로 얻고자 한다면 반드시 일본인들과 타협해야 하며, 그들이 제공한 정보들이 전범의 자백이 아닌 첩보의 형식으로 보관할 것을 약속한다. 이시이 및 기타 협조자들의 전쟁범죄 책임 추궁을 받지 않는다는 서명 보증서를 해준다면, 일본 육군 고위계층 내부의 기획과 이시이 세균전의 모든 이론 내용을 얻을 수 있으며 동시에 이시이로 하여금 부하들의 적극적인 협조를 얻을 수 있도록 할 수 있다."(중략)[50]

미국은 이시이 시로의 전쟁범죄 심판보다 인체실험 정보에 많은 관심과 자료의 중요성을 강조했다. 위싱턴 육군부에서 이시이 시로의 요구를 들어줄 것을 희망했다. 1947년 6월 7일 맥아더 사령관의 법무국 국장 케센틴 장교는 세균부대의 존재 증명 서신을 워싱턴에 재차 보냈다. 또한 소련 측에서 이미 일본군이 중국에서 세균전을 벌인 증거를 확보했을 가능성이 크며, 이러한 증거는 연합국이 중국 동북 지역과 일본에서 조사 가능성을 피력했다. 1947년 7월 1일 볼드윈과 스터블필드는 ≪소련 검찰관의 일부 일본인들에 대한 심문≫ 보고서를 작성해, 일본 세균전 부대의 기술과 정보 중 일부가 소련 측에 제공되었으며, 이시이가 전범으로 기소된다면 모든 기밀자료가 공개될 것을 우려

---

50) 藤井志津枝:≪日军731部队在战后如何逃脱东京审判≫, 原載美国≪日本侵华研究≫第25期, 1996年11月藤井志津技, 1996년 11월,〈일본군 제731 부대가 전쟁 후 어떻게 도쿄 재판을 피할 수 있었을까〉, 미국 ≪일본의 중국침략 연구≫ 제25기 게재, 진청민〈일본군 세균전〉915P

해, 미국 육군성과 국무성에 보냈다. 1947년 9월 8일, 미국 국무성은 맥아더에게 답장을 보내, 이시이 시로 등 전범들이 제공한 정보를 첩보 형식으로 보관할 것이며, 미국의 안전을 고려해 이시이 시로 등에 대한 전쟁범죄 책임을 추궁하지 않을 것이지만, 향후 미국에 불이익을 가져올 수도 있을 것을 대비해 이시이 시로에게 서면 약정은 하지 않는다는 것이다. 힐과 빅터를 보내 이시이 시로 제공의 자료 가치를 평가하게 하였다. 이미 보고서는 완료되었다. 인체실험을 통해 얻은 것으로 미국 자체 실험실에서는 여러 가지 우려로 인해 얻기 힘든 것이라고 지적했다. 힐 등은 이시이의 죄를 사면해 달라고 요청했다.

이로써 미국은 중국 하얼빈에서 10여 년간 인체실험의 결과, 야만의 기록, 3,000여 명을 목숨과 바꾼 기록을 미국의 양심과 바꾸었다. 1946년 5월 3일 개정하여 1948년 11월에 종료된 도쿄 재판은 미국의 보호 아래 이시이를 비롯한 세균전쟁 범죄자들이 재판을 피할 수 있었다. 도쿄의 연합군 총사령부(SCAP) 뿐만 아니라, 미국의 국무성, 육군, 해군 삼부 조정위원회(SWNCC), 전쟁부 민사부(CAD)와 국무부, 합동참모본부(JCS) 등 공동 작품으로 731 부대 책임자 이시이 중장과 그 관계자들의 기소를 막았다.[51] 제731 부대 핵심 인체실험의 중심인물들에게 면죄부를 준 것이다.

---

51) NARA Staff, "Japanese War Crimes Records at the National Archives: Research Starting Points," Researching Japanese War Crimes Records: Introductory Essays, 2006, 67p.

▲ 도쿄 재판

 그러나 1947년 중국 군사 법정에서 39사단 231연대장 카지우라 긴지로는 '전투에서 독가스 사용'으로 무기징역을 선고받았다. 1949년 12월 소련은 생물학전에 연루된 12명 일본군 장교를 재판에 회부하였다. 또한 1956년 6월 심양과 태원에서 중국최고인민법원 특별군사법정에서 731 부대 162지대 세균 무기 등에서 재판을 시행했다.

 서양에서 일본 세균 무기는 언론인 파웰(John Powell)이 1980~1981년 731 부대 폭로로 관심을 받았다. 정보자유법의 미국 문서들을 인용, 미국 정부가 세균전에 연루된 일본인 데이터를 제공받는 대가로 전범

재판에 회부하지 않았다는 혐의를 제기했다.52) 도쿄 재판은 A급 전범 석방과 함께 일왕 전범 처벌 면책, 반인도적 범죄 기소 보류, 731 부대 세균부대 죄상 은폐 등으로 재판에 대한 문제를 내재화하였다. 특히 미국 극동국제군사재판(極東國際軍事裁判, International Military Tribunal for the Far East) 수석 검사인 조지프 베리 키넌(Joseph Berry Keenan, 1888~1954)은 1946년 3월 22일 '지식의 보호는 인류의 책임'이라는 논리로 제731 부대장 이시이 시로를 석방했다. 이시이의 연구 결과 필름은 미국 세균 화학무기 연구기지인 메릴랜드 주의 디트릭(Fort Detrick) 연구소로 옮겨졌다.53) 2000년 사이몬 바이젠탈 센터(Simon Wiesenthal Center)에는 미국 법무장관과 국방성에 731 부대 정보에 대한 대가로 이루어진 일본 전범들의 사면과 관련 서류 공개를 위해 로비했다. 이 결과, 2000년 12월 일본제국기록공개법(The Japanese Imperial Government Disclosure Act)이 통과됐다. 일본 전쟁범죄 관련 기밀 해제와 공개를 IWG의 책임으로 특정했다.54)

---

52) 국사편찬위원회, 《해외사료총서》
53) 이장희, 《도쿄 국제 군사재판과 뉘른베르크 국제 군사재판에 대한 국제법적 비교연구》, 동북아 역사 논총 25, 2009년 212p
54) 국사편찬위원회, 《해외사료총서》

제2부
증언(證言)

제6장
흔적, 역사는 솟구쳐 올라와

　제2차 세계 대전 관련 기록 기밀 해제는, 1960년대부터 시작되었다. 그러나 수백만 장 전쟁 관련 기록은 비밀이었다. 731 부대에 대한 역사적 실체는 미국에서 시작되었다. 미국 언론인 파웰(John Powell)이 1980~1981년 731 부대 폭로로 관심받았다. 그 무렵, 일본 소설가 모리무라 세이치에 의해 731 부대가 공개되었다. 모리무라 세이치 작가의 집념의 산물이었다. 역사의 뒤편에서 체계적으로 국가가 조직하고, 조직적으로 은폐했던 일본의 불편한 역사적 진실, 일본이 역사의 반성으로 면해해야 할 진실이 드러난 것이다. 1982년 9월 18일부터, 모리무라 세이치는 중국 하얼빈 731 진열관에 처음 방문했다. 도쿄여자대학 강사 도쿠나가 준코(德永淳子)와 함께 하였다. 그 후 중국 하얼빈에서 발 빠르게 움직였다. 731 진열관 연구자인 한효(韓曉)와 핑팡구 인민정부 부구장 왕학금(王學琴) 등은 731 부대 지역을 소개하였다.

　731 부대는 하얼빈시 남쪽 20km 떨어진 핑팡구에 위치해 있다. 동경 120도 40분, 북위 45도 35분, 쑹화장 남부 구릉지로서 해발 180m이다. 핑팡구에는 흥건(興建), 우협(友協), 신강(新疆), 신위(新偉) 등 4개 가도반사처(街道班事處, 동사무소) 관할 구역이다. 청츠거우(城子構) 야외실험장은 731 부대 남부 4km의 평신진(平新鎮) 평락촌(平樂村) 관할 구

역에 있다. 세균탄 제조공장은 731 부대 본부에서 서쪽으로 15km의 남강구(南岡區) 용상가(龍橡街) 용강(龍江) 타이어 공장 안에 있다.[1]

원래, 731 부대는 1933년, 8월 하얼빈 쉬안화(宣化) 거리와 원미아오(文廟) 거리 일대에 이시이 세균연구소를 설립했다. '가모부대'로 명명하였다. 이시이 시로가 부대장을 맡았으며, 부속 세균실험장은 70km 떨어진 헤이룽장성 우창(五常)현의 베이인허(背陰河)에 세균전 연구·생산·인체실험을 시작했다.

731 부대, 일본 세균전 무기 연구센터와 세균전 지휘의 대본영

현재의 위치이다. 1935년 세균실험기지를 새로 건립할 준비를 하였다. 1938년 6월 30일, 〈관동군 사령부 1539호 명령〉에 의해, 이시이 부대 주위 120평방 km 지역을 특별 군사지역으로 설정하고, 부대 5km 이내는 '무인지역'으로 만들었다. 731 부대 인원은 편제상 3,000명에 달한다. 세균 연구, 실전 연구, 방역 급수 연구, 세균 생산, 총무부, 훈련교육부, 기자제 제공 및 진료부로 본부가 구성되었다. 그리고 헤이룽장 지역의 린커우(林口162支队), 무단장 하이린(牡丹江643支队), 쑨우(孙吴673支队), 하이라얼(海拉尔支队)에 4개 지부가 설립되었다. 따칭지역에 안다 세균실험장(安达细菌实验场)이 있으며, 다롄위생연구소(大连卫生研究所)가 설립되었다. 731 부대의 핑팡 지역은 세균무기연구와 실

---

[1] 黑龍江省文化廳, 《侵華日軍第731部隊罪證遺址》, 내부자료, 2004년

험, 생산기지 역할을 하였다. 즉 초기에는 본부 내 8개 부서와 4개 지부, 1개 야외 시험장, 1개 위생연구소였다. 1939~1945년에 약 3,000명(외국인 포함)이 731 부대 각종 세균실험과 인체실험으로 참사를 당했다.

▲ 다롄위생연구소 내부

Ⅳ 石井部隊、ノモンハン戦線に出動す

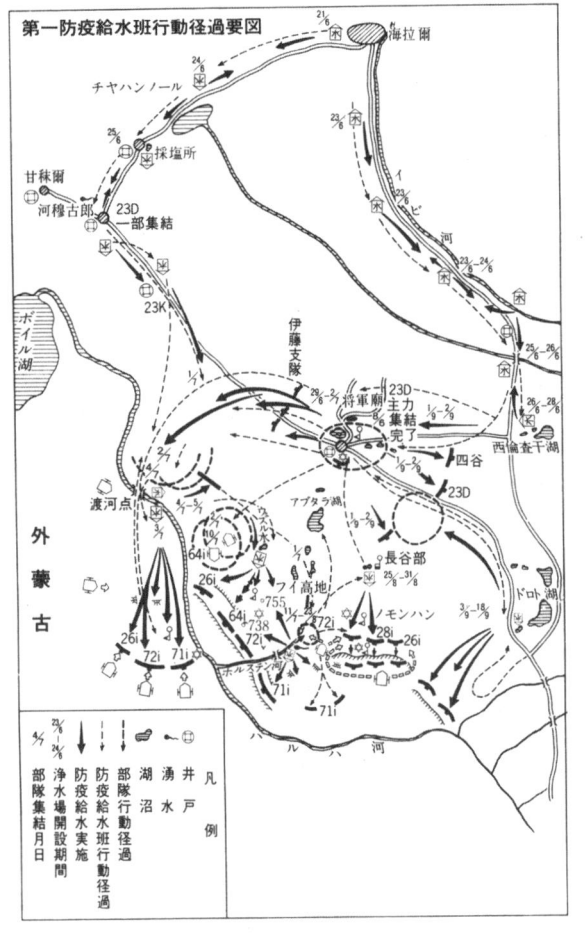

▲ 731 부대 노몬한 전쟁 작전 방역 급수 행동 경과도

731 부대 하얼빈에서의 실험은 이제 전쟁에서 실전으로, 헤이룽장성을 넘어 중국 전역으로 확대되었다. 1939년 731 부대는 전쟁에서의 실전으로 실험을 활용하였다. 만몽(滿蒙) 변경 상에서 치러진 노몬한 전쟁이 그것이다. 이는 중국 전역 확대의 계기가 되었다. 중국 남방의 닝버(寧波), 진화(金华), 이우(义乌), 창더(常德) 등지에 세균전을 사용하였다. 또한 산동 지역에도 세균을 살포했다. 20여만 명이 피해를 입었다.

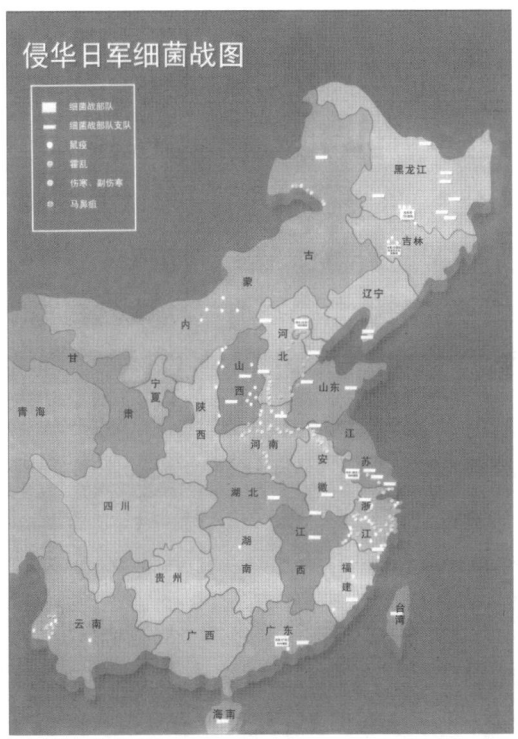

▲ 중국 전역 세균 지역 살포 전략도

일본은 세균전 체계를 확대하였다. 하얼빈 핑팡을 넘어, 신징(新京, 현 장춘)에 滿洲 제100부대, 북평(北平, 현 북경) 北支甲 제1855부대, 남경(南京)에 '榮'字 제1644부대, 광주(光州)에 '波'字 제8604부대를 설립하였다. 중국 외 국가에도 설립하였다. 싱가포르에 '岡'字 9420부대의 '남방방역급수부(南方防疫給水部)'이다. 일본 전선의 확대에 따라 세균전도 확대되었다. 이시이 부대 본부인 731 부대가 일본 세균전 무기연구센터와 세균전 지휘의 대본영이다.

세균의 파괴는 치명적이다. 0.1g의 세균이 6평방 km의 수원지를 오염시킬 수 있다. 731 부대의 생산설비를 동원한다면, 매달 1,000kg 또는 쥐벼룩 300kg을 생산할 수 있다. 생산 규모는 대단했다. 731 부대의 생산량은 전 인류를 타격할 만한 역량을 이미 형성하였다.

1945년 일본 투항 전, 육군참모본부는 731 부대의 비밀을 은폐하고자, 철퇴 명령을 하고, 1945년 8월 10일부터 14일 새벽까지 죄증을 없앴다. 남아있는 부대는 일본으로 도주하고 부대를 해산했으며 역사에서 지우고자 하였다. 1950년 중국 동북 인민정부 위생부는 일본 세균공장 유지 보호에 대한 통지를 하였다. 1982년 10월, 중국 문화부에서는 〈[82] 1289호 문건〉으로 '일군침화죄증유지' 보호 업무를 통지하고, 1982년 11월 16일, 하얼빈시 시장 사무실 결정으로 〈핑팡문관소(平房文管所)〉 성립을 결정하고, 731 부대 유적지 보호를 진행하였다. 1982년 12월, 하얼빈시 핑팡문물관리소(平房文物管理所)가 정식으로 성립되었다. 1983년 3월, 하얼빈일본세균공장죄증전람관(하얼빈日本細菌工場

罪證展覽舘)이 성립되었다. 1985년 '침화일군제731세균부대죄증진열관'으로 개칭하고 개방하였으며, 1995년 신관을 건립하고 8월 15일 정식으로 대외 개방하였다. 2001년 6월 12일 '본부대로' 동측을 진열관으로 개방하였다. 2015년 8월 15일 신관을 확장하여 개관하여 현재에 이르고 있다.

금년은, 1933년 하얼빈 시내에 세워진 이시이 세균연구소 설립 92주년이다. 일왕 비준으로는 1936년 5월 30일 기준으로는 89년이 된다. 이시이 세균연구소 기준으로는 12년, 일왕 칙서 정식 기준으로 9년이라는 기간 동안 저지른 만행이다.

역사는 땅 밑에 흐르는 하수도관과 같다. 어느 계기가 되면 지상으로 솟구쳐 오른다. 과거는 언제나 현재에 살아난다. 일본의 침략적 만행, 가해의 증거들이, 중국 전역에서 증언으로, 유적으로 중국 도처에 있다. 계기가 되면 언제나 살아나 우리에게 진실을 증명한다.

731 부대 역사적 현장

731 부대는 일본군 세균전의 죄증이자, 세계 전쟁사에서 가장 규모가 큰 세균 연구기지의 역사적 현장이다. 하얼빈 평팡에 발견된 유적지는 2006년 5월 25일 중국 국무원이 공포하였다. 중요 문물 보호 단위이다.

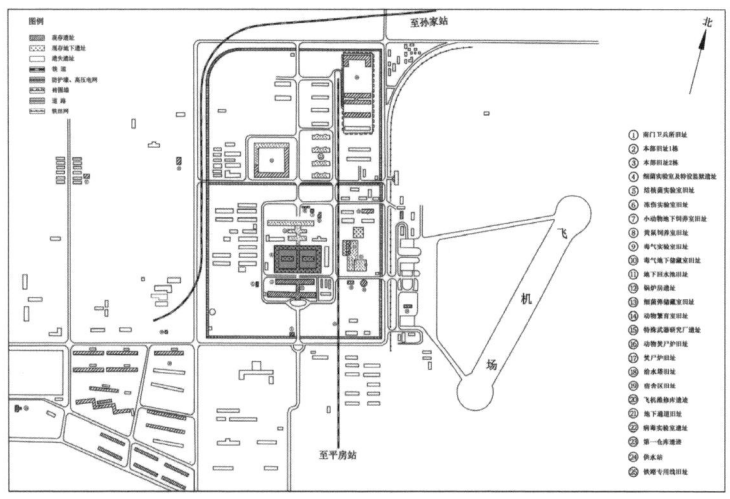

▲ 핑팡지역 731 부대 유적지 분포도

   731 부대의 유적지 보호 시설로 남아있는 역사적 현장은 사무실, 감옥, 실험(실내외), 배양, 제조, 저장, 소각 그리고 생활 시설 등으로 구분된다. 실험은 인체실험, 독가스 실험, 동상실험, 야외실험장, 실전 공격 지원 시설이 남아 있다. 작은 동물을 배양하여, 세균 생산을 목적으로 하였다. 제조는 세균 생산, 무기 생산, 저장은 생산된 세균과 독가스 저장 시설이다. 소각은 인간과 동물실험 후 소각 시설이 있다. 실전 공격 지원 시설로는 항공이고, 생활 시설은 보일러실, 양어장 등이 남아있다.

完成した第七三一部隊全景
部隊全施設が完成したのは、1939年(昭和14年)である。写真中央上方から右下へ宿舎群に続き教育部建物、大講堂、「ロ号棟」および研究室のあった研究棟、資材部倉庫から田中班(昆虫舎)建物へと続く。

▲ 1939년 완성된 731 부대 전체 모습(항공 촬영)

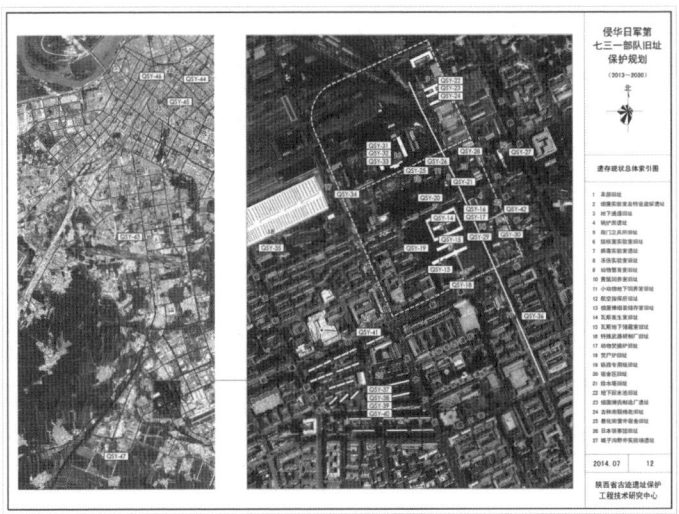

▲ 현재 731 진열관과 주변 지역(보호 계획)

1945년 8월 일제가 퇴각하면서 상당수는 파괴하였다. 일부가 남거나 지하에 있었던 것이 노출되었다. 그리고 731 진열관에 집중되어 있으며, 핑팡 시내에 산재해 있다.

첫째, 사무실 기능이자 실험 기능을 소개한다. 사무실은 본부 옛터가 기능을 하였고, 실험을 수행하였다. 실험은 인체실험, 가스 실험실, 결핵 실험실, 바이러스 실험을 수행하였다. 그 내면을 상세히 소개하면 다음과 같다.

본부 옛터(本部旧址, 일명 본부대로)는 벽돌로 만들어 1936년에 설립되었다. 남문 위병소를 통과하면 만날 수 있다. 건축 주체는 2층 벽돌 혼합 구조로, 본부 본관과 장비고, 병기고는 중심 복도로 연결되어 있으며, 전체적으로 '工'자 모양을 하고 있다. 1층과 2층에는 각각 북쪽을 향한 30m의 중심 복도와 병기 창고, 기자재 접수처가 있다. 중심 복도는 사방로(특설감옥)와 접한다. 지하에는 통로가 있다. 170.8m, 너비 13.8m이며, 장비고와 무기고의 총길이는 134m, 너비는 14m이다.

본부는 731 부대가 세균 무기를 연구, 실험, 제조하고, 세균전을 기획하고 지휘하는 본거지이다. 일본의 중국 침략 기간에 세균전 범죄를 가장 먼저 목격한 곳이다. 731 부대장의 사무실, 위관실, 진료부, 표본진열실, 헌병대 등이 있다. 731 부대 세균전 무기 연구와 세균전 지휘의 핵심 역할을 했다.

1945년 8월, 731 부대 철수 시 부분적으로 파괴되었으며, 후에 원래 모습을 복원하였다. 현재 731 진열관으로 사용한다. 이 옛터는 ≪731 옛터 보호 계획≫의 중점 보호 구역 내에 위치하며, 부지 면적은 4,195㎡이다. 서쪽에는 하얼빈시 제25 중학교가 있다가 지금은 직업 학교로 바뀌었다.

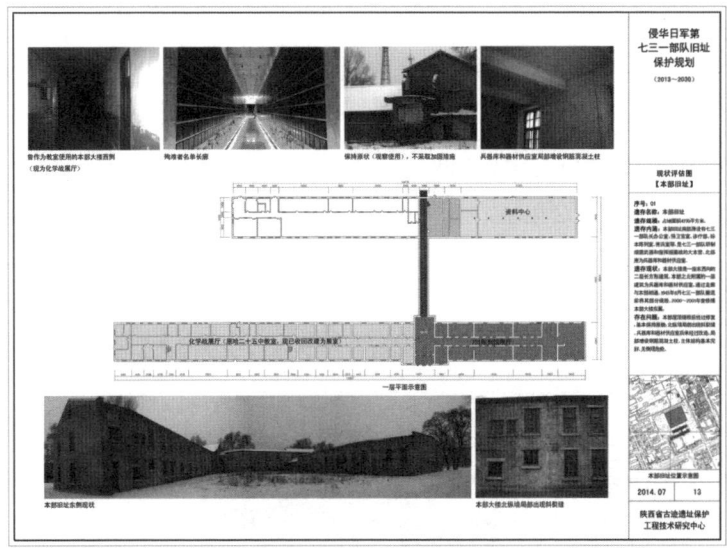

▲ 본부대로와 유적지 보호 계획

사방루세균실험실 및 특설감옥 유적지(細菌实验室及特设监狱遗址)가 본부대로 북쪽에 있었다. 1936년에 설립되었으며, 면적은 23,800㎡이다. 사방루는 1938년 건립되었다. 원래 3층의 사각형 모양 구조로, 외곽은 길이 약 170m, 너비 약 140m, 높이 약 15.5m의 '口'자 모양의 건물이며, 다양한 세균 연구 및 인체실험의 핵심 구역이었다. 내부에는 두 개의 2층 건물이 있으며, 이는 피실험자(마루타)가 수감된 특별감옥이다. 즉, 731 부대의 세균 연구, 생산, 실험의 중심이다.

남북 통로에는 간격이 있고, 사방로 원내에 동서로 두 가지 내부 구조가 있다. 내부 구조는 1층과 2층의 벽돌구조로 '특별감옥'이다. 피포된 '특별운송' 또는 '특별이송'된 사람을 수감했고, 세균의 '실험 재료'로 쓰였다. 원래 사방로 지하에는 두 개의 세균실험실이 있다. 731 부대의 가장 핵심인 인체실험과 특별감옥이 해당된다. 주로 여기에서 인체실험이 이루어졌다. 731 부대가 세균 연구와 인체실험을 진행하며 세균전을 벌였다는 핵심 범죄 증거이다. 비밀통로는 지하통로와 연결된다. 1945년 8월 일본이 투항하면서 대부분 파괴되었고 땅속에 묻혀 있다가, 2001년 6월 발굴 정리했으며, 2014년 다시 지하를 발굴하여 현재 전시하고 있다.

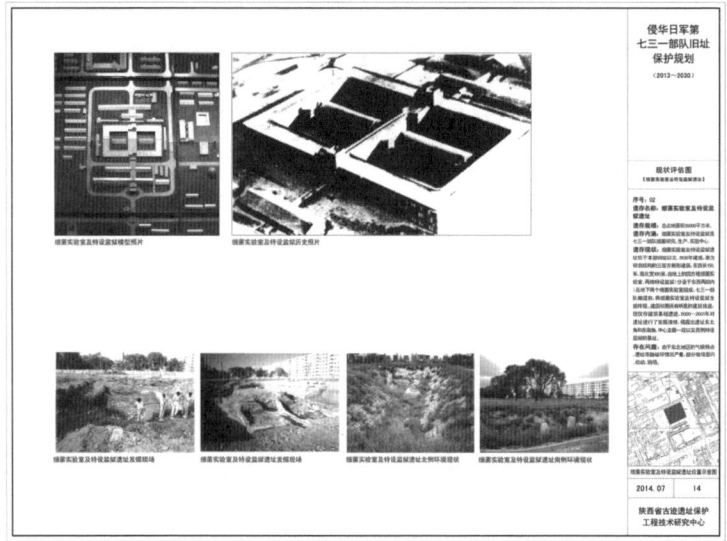

▲ 특별감옥(사방로)과 보호 계획

세균실험은 세균 무기의 효력을 검증하기 위하여, 산 사람을 실험하는 것이다. 인간의 생리적 특성을 이용하여 인공적인 방법으로 질병을 일으키고 질병이 유행하는 조건을 알려고 한 것이다. 즉, 전염병 매개체로서 활용한 것이다.

동상실험실 옛터(冻伤实验室旧址)는 1938년에 설립되었다. 건물은 길이 22m, 너비 15.8m, 높이 7.1m의 2층 벽돌 혼합 구조로 동쪽은 냉동실, 서쪽은 부대 실험실이 있었다. 731 부대는 패퇴하기 전에 부분적으로 파괴했다. 동상실험실은 인체 냉동실험을 통해 동상 치료 방법을 얻기 위한 실험 장소이다. 731 부대가 잔인하게 인체 동상실험을 수행한 중요한 증거로서, 이 옛터는 《731 옛터 보호 계획》의 중점 보호 구역 내에 위치하며 부지 면적은 275m²였다.

▲ 동상 실험실 옛터

1938년 이시이 시로는 추운 지역에서 작전을 용이하게 하고자 동상 연구를 과제로 설정하였다. 실제로 산 사람을 동상실험에 이용하여, 요시무라반(吉村班)이라 했고 11~2월까지 진행하였다. 밤 11시쯤 피실험자를 밖에 내몰아 강제적으로 손을 물속에 담갔다가 꺼내게 한다. 그리고 젖은 손을 들고 오랫동안 서 있게 한다. 동상을 입은 피실험자를 다시 실내로 데려와 꽁꽁 언 발을 먼저 5도 되는 물 안에 넣게 하고 물의 온도를 점차 높인다. 동상 치료 방법을 연구한 것이다.

결핵균실험실 옛터(结核菌实验室旧址)는 1938년에 설립되었다. 중요 사적에 속한다. 건물은 지상 2층, 지하 1층의 벽돌 혼합 구조로, 길이 13m, 너비 6m, 높이 5.4m이다. 731 부대는 패퇴하기 전에 파괴했으며, 실내의 두 층 바닥은 이미 무너져 벽 부분만 남아 있었다. 이후 복원되어 현재 상태가 보존되었다. 결핵균 실험실은 731 부대가 결핵균 실험을 진행하는 장소로, 세균 무기 제조의 중요한 증거이다. ≪731 옛터 보호 계획≫의 중점 보호 구역 내에 위치하며, 면적은 45m²이다.

가스실험실 옛터(瓦斯实验室旧址)는 1938년에 설립되었다. 건물은 길이 14.7m, 너비 10m, 높이 6.8m의 직사각형 2층 벽돌 혼합 구조이다. 731 부대는 패퇴하기 전에 파괴하였다. 이후 복구하여 활용되었으며, 내장 계단을 외부 계단으로 변경했다. 가스 실험실은 실험 연구와 독가스 생산 장소로서, 731 부대가 화학 부대와 협력하여 독가스 실험 연구를 수행하고 화학 무기를 제조했다는 중요한 증거가 된다. 이 옛터는 ≪731 옛터 보호 계획≫의 중점 보호 구역 내에 위치하며,

부지 면적은 147m²이다.

독가스는 화학전을 위한 화학무기 실험이다. 대량 살상이 가능하고, 대규모 전쟁을 위한 준비였다. 가스 실험은 마루타를 밀봉한 유리 공간에 놓고 1도, 2도, 3도로 나누어 마루타가 죽을 때까지 독가스를 주입하였다. 야외 독가스 실험도 청즈커우에서 수행하였다.

▲ 독가스 실험실 옛터

바이러스실험실 유적지(病毒实验室遗址)는 1936년에 건설되었다. 원래는 3개의 건물로 이루어져 있었는데 전체가 왕(王)자 모양이었다. 북부에서 가장 긴 건물은 길이 약 170m, 너비 13.8m이다. 731 부대가 패퇴하기 전날, 범죄 증거를 인멸하고 폭파했다. 기지는 지하에 남아 있다. 다양한 바이러스 실험 연구를 수행하는 장소로, 731 부대가 바이러스 연구를 수행하고 세균 무기를 제조했다는 중요한 증거가 된다. 이 유적지는 ≪731 유적지 보호 계획≫의 중점 보호 구역 내에 위치하며, 지하 기초 면적은 약 4,168제곱미터이다.

731 부대 본부 편성은, 총무부, 제1부(세균연구부대, 기초연구), 제2부(세균실험부대), 제3부(방역급수부대), 제4부(세균생산부대), 훈련교육부, 기자재 공급부, 진료부, 헌병실, 무단장 지부(제 643부대), 쑨우지부(제 673부대), 하이라얼지부(제 543지대), 린커우지부(제 162지대), 다롄 위생연구소(제 319부대) 등으로 구성되어 있다.

제1부는 세균전을 위한 페스트균, 콜레라균, 괴저균, 탄저병균, 장티푸스균, 파라티푸스균과 기타 세균을 배양한다. 그리고 세균실험에 사용할 사람들을 감금하는 비밀 감옥을 관리하는 특수 감옥을 설치하고 관할하였다.

제2부는 세균으로 동식물 실험과 인체실험을 진행하고 사격장과 전쟁환경에서 세균 무기를 실험하였다. 부속반으로 항공반, 무선통신반, 기상반이 있었다. 야외실험장도 관할했다.

제3부는 정수기 제조공장과 도자기 세균탄과 제조공장을 관할하였다. 관동군 부대 내 방역과 급수를 책임지고 정수기와 이시이식 도자기 세균 탄피를 만들었다.

제4부 1과는 세균 배양 생산, 2과는 페스트, 비, 탄저균, 3과는 건조균, 백신, 4과는 백신 그리고 장티푸스, 괴저균, 독가스를 생산하는 역할을 하였다.

총무부는 인사, 조사, 병참, 기획, 경리, 관리, 군수 등으로 번역, 인쇄, 사진, 도서실, 노무, 서무실, 식당, 학교, 건설, 공무, 동력, 운송, 전화 등 다양한 731 부대 지원 업무를 수행하였다.

훈련교육부는 관동군의 군관, 하사관 및 본부, 각 지부의 병사들에게 세균전, 방역, 급수에 관한 교육을 하고 세균 무기의 전문 인재를 양성하는 역할을 하였다.

자재부는 각종 기자재를 보관하고 제공하는 것, 실험용 동물의 운송, 그리고 병균 백신을 보관하는 일을 했다.

직속부대로는 진료부(일본인을 위한 방역과 치료), 헌병(경비, 보호), 무단강 지부(1940년 설립, 연구인 200명, 하이린진 동북쪽 허우야오툰에 주둔), 쑨우 지부(1940년 설립, 연구 인원 136명, 쑨우진 시산에 주둔), 하이라얼 부대(1940년 건립, 연구 인원 226명, 내몽골 하이라얼 이민아에 주둔), 다롄위생연구소[1925년 설립하여 만주 철도 위생연구소, 1938년 731 부대 소속 편제, 다롄시 샤사(下沙) 거리 20호(현 중산구)]

731 부대의 핵심 역할을 수행한 곳으로 현재 일부가 그대로 남아 역사의 중요한 사실을 증명하고 있다. 731 부대 존재의 증명이자 세균과 인체실험의 핵심 증거 역할을 하고 있다.

둘째, 야외 실험 기능을 소개한다. 헤이룽장성 지역에 설치되어, 731 부대 내에서 수행한 실험이 실제로 야외에서 어떻게 수행되는지 살아 있는 인간을 실험 대상으로 수행하였다. 실전에 배치하기 전에 수행한 중요 역할로 야외 실험은 세균전을 위한 목적이었다.

청츠거우 야외실험장 유적지(城子沟野外实验场遗址)는 원래 금나라 시기 평평한 옛 성터로, 약간 직사각형이며 길이 360m, 너비 316m이다. 현존하는 다진 흙벽의 꼭대기는 너비 3m, 높이 2.5m이며, 벽 외부의 해자는 너비 2m, 깊이 1.5m이다.

1942년부터 731 부대는 이곳을 야외실험장으로 사용하여 소, 말, 원숭이, 토끼 등의 동물을 사용하여 세균 독성 실험을 진행했다. 731 부대가 야외에서 실전 세균 무기 실험을 진행한 중요한 증거이다. 해자를 따라 외연 20m 이내의 중점 보호 구역으로 면적은 14.24만 평방미터이며, 추가로 외연 20m 이내의 면적은 건설 통제 구역으로 면적은 3.18만 평방미터이다.

안다 특별실험장(安达特别实验场)은 1941년에 안다진 동쪽 18km 지점에 있는 쥐자야오(鞠家窑) 근처에 특별 실험장을 설립했으며, 이는 안다 특별사격장이라고도 불렸다. 실험장은 쥐자야오에서 1km 떨어져 있으며, 흙 언덕에 위치해 있다. 주변은 초원이다. 731 부대 제2부대에 속하며 세균 실험부이다. 이 실험장은 인근 마을의 중국인 노동자들에 의해 건설되었으며, 건축 자재는 731 부대가 외지에서 가져온 것이다. 실험장에는 지상과 지하 공사가 있다. 캠프, 실험실, 차고, 식당, 목욕탕, 바닥에는 창고 및 다양한 동물 헛간과 함께 약 20개 이상의 지하실이 있다. 실험장 구역에는 박테리아 폭탄 투척의 상징인 4개의 삼각형 철제 선반이 있다. 사방에 철조망이 쳐져 있고, 초소가 설치되어 있다[2].

야외 실험은 731 부대 제2부대가 전투 환경에 가장 가까운 조건으로 조직하여 실시했다. 이 부대는 동북 지역에 고정된 야외실험장을 가지고 있으며, 주로 안다 특별실험장소, 청츠거우, 자무쓰(佳木斯), 타오라이자오(陶赖昭[3]) 등에 설치된 실험장을 가지고 있었다. 또한 동북 산악 지역과 후룬베이얼 초원에서 현장 실험을 수행하는 임시 실험장도 있었다. 야외 실험에서 731 부대는 세균, 바이러스뿐만 아니라 독가스도 사용하여 대규모로 '마루타'라 불리는 사람들을 살해했다.

 살아있는 사람을 실험할 때 가장 일반적으로 사용된 방법은 세균 폭탄을 투척하거나 저공 비행하는 비행기에서 세균과 페스트에 감염된 벼룩을 직접 살포하여 땅에 주거지, 저수지 및 목초지를 감염시켰다. 사격장에서 기둥에 묶인 피실험자로부터 일정 거리 떨어진 곳에 세균탄을 놓고, 실험자가 참호 안에서 전기 장비를 사용하여 폭발시켰다. 실험 후, 약 두 시간 동안 관찰하고 피실험자들을 감옥으로 데려가 그들의 상태를 계속 관찰했다.

 다양한 박테리아의 효능에 대해 731 부대는 사격장에서 살아있는 사람을 대상으로 실험했으며 가장 일반적으로 사용된 것은 페스트균, 탄저균, 콜레라균 및 장티푸스균이었다.[4]
 기오 도쓰카 다카지(木尾土冢隆二)는 이시이 시로의 말을 다음과 같

---

2) 진청민, ≪일본군 세균전≫, 청문각, 2008, 106P
3) 타오라이역 주변의 쑹화강 모래사장의 야외 실험장, 1941년 설치
4) 진청민, ≪일본군 세균전≫, 청문각, 2008, 195P

이 증언하였다.

> "포탄과 비행기 탄에 세균을 싣고 실험하는 것, 비행기에서 세균을 던지는 것은 핑팡(平房)역 부대 비행장 옆의 한 실험 사격장에서 하는 것, 가장 위험한 세균은 어떤 황야에서 실험하는 것이다.[5]"

셋째, 배양 시설이다. 족제비나 쥐, 벼룩 등 작은 동물로 세균을 배양하는 것이다.

동물번식실 옛터(动物繁育室旧址)는 1938년에 설립되었다. 남부에 현존하는 'ㅡ'자형 2층 건물은 쥐, 벼룩, 이를 번식시키는 장소였다. 북부에는 현재 '工'자형과 '凹'자형의 단층 건물이 있으며, 파리, 모기, 빈대를 번식시키는 장소였다. 이는 731 부대의 세균 전파 매개체 번식 기지이며, 동물을 세균 전파 매개체로 사용하여 세균 무기를 제조하는 중요한 증거였다. 이 옛터는 ≪731 옛터 보호 계획≫의 중점 보호 구역 내에 위치하며, 옛터의 세 건물부지는 5,575m²이다.

족제비사육실 옛터(黃鼠饲养室旧址)는 1938년에 설립되었다. 원래 목조 구조로 되어 있었으며, 실내 지하에는 세로 4열, 가로 24열, 96개의 시멘트로 주조된 정사각형 구조물이 설치되어 있었다. 총길이는 25.2m, 너비는 4.4m이다. 731 부대가 패퇴하기 전에 원래의 목조 가옥을 불태웠으며, 현재 남아 있는 목조 가옥은 1985년 노동자들의 기억

---

[5] ≪전 일본 육군, 세균무기 준비와 사용으로 기소된 사건 재판자료, 前日本陆军军人因准备和使用细菌武器被控案审判材料≫外国文书籍出版局, 1950年, 198P

으로 복원된 것이다. 이곳은 족제비를 전문적으로 사육하는 곳으로, 731 부대가 대량 증식을 통해 세균 전파 매개체를 확보하고 세균 무기를 제조했던 중요한 증거이다. 이 옛터는 ≪731 옛터 보호 계획≫의 중점 보호 구역 내에 위치하며, 부지 면적은 111m²이다.

작은동물지하사육실 옛터(小动物地下饲养室旧址)는 1938년에 설립되었다. 건물은 지하 아치형 강철 혼합 구조로, 현관과 사육실 두 부분으로 구성되어 있으며, 현관의 12단계 계단을 통해 지하실로 들어간다. 나란히 구성된 두 개의 사육실은 각각 길이 13.31m, 폭 6m, 높이 2.6m이다. 양쪽에 3층으로 시멘트 구조물이 있다. 설치류 등 작은 동물을 사육하는 장소로, 731 부대가 세균실험을 수행하고 세균전을 벌였다는 중요한 증거가 된다. 이 옛터는 ≪731 옛터 보호 계획≫의 중점 보호 구역 내에 위치하며, 면적은 96m²이다.

이때 세균을 실전에 사용하기 위하여 숙주 역할을 하는 쥐, 족제비 등 설치류를 사육하여 항공기로 운송하고 중국 남방지역에 실제 전쟁터에 투입하였다. 페스트 벼룩 배양, 이 번식, 말 탄저병으로 전쟁 확대를 위한 계획을 세웠다. 기타 식물실험도 수행하였다. 그 외에도 세균전을 위한 탄피, 무기를 개발하는 기능이 있었다.

세균탄피제조공장 유적지(细菌弹壳制造厂遗址)는 1940년에 설립되었다. 731 부대가 패퇴하기 전에 파괴했다. 현재 길이 19.4m, 너비 11m, 높이 8.7m의 강철 혼합 구조 가마 두 동과 바닥 지름 2.6m, 높이 30여 m의 시멘트 굴뚝, 길이 26.6m, 너비 7.1m, 높이 18m의 5층 벽돌 혼합 구조 건물이 있다. 731 부대가 도자기 흙의 세균 탄피와 도자기 필터를 굽는 장소로, 세균탄을 제조하는 중요한 증거이다. 이 유적지의 건물 본체 외부는 10m 확장되어 중점 보호 구역으로, 면적은 5,900m²이며, 건설 통제 구역은 37,100m²이다.

특수무기연구개발공장 옛터(特殊武器研制厂旧址)는 1938년에 설립되었다. 원래 건물은 사합원식 벽돌 혼합 구조로, 731 부대가 패퇴하기 전에 폭파했다. 현재 남쪽의 본관 건물 프레임과 일부 벽체는 길이 36m, 너비 14.5m이다. 동쪽 대형 건물은 길이 91m, 너비 16m이며, 서쪽 대형 건물의 일부 벽 기초는 길이 35m, 너비 16m이다. 731 부대가 종합 연구를 수행하고 소형 세균 무기를 생산하며 백신과 혈청을 저장하는 장소로, 자동차와 탱크 등의 무기고 역할을 했다. 일본군의 세균전 범죄의 중요한 증거이다. 이 옛터는 ≪731 옛터 보호 계획≫의 중점 보호 구역 내에 위치하며 부지 면적은 3,818.5m²이다.

넷째, 저장 및 기능 시설이다. 세균 폭탄 저장, 독가스 저장 시설이다.
세균폭탄조립저장실 옛터(细菌弹组装储存室旧址)는 1938년에 설립되었다. 현재 벽돌 혼합 구조의 2층 건물이 있으며, 길이 33m, 너비 9m, 높이 7.8m이다. 또한 두 곳의 지하 저장실이 있으며, 731 부대는 패퇴 전에 이를 파괴했다. 세균탄이 대량으로 조립되고 저장되는 장소로, 731 부대가 세균 무기를 생산하고 세균전을 벌였다는 중요한 증거이다. 이 옛터는 ≪731 옛터 보호 계획≫의 중점 보호 구역 내에 위치하며 부지 면적은 467m²이다.

가스지하저장실 옛터(瓦斯地下儲藏室旧址)는 1938년에 건설되었다. 건물은 원통형 벽돌 혼합 구조로, 상층, 중층, 하층의 3개 층으로 구성되어 있다. 가스 저장용 가스 실험실 부대 시설이다. 731 부대가 화학부대와 협력하여 독성 실험 연구를 수행하고 화학 무기를 제조했다는 중요한 증거이다. 이 옛터는 ≪731 옛터 보호 계획≫의 중점 보호 구역 내에 위치하며 부지 면적은 133m²이다.

다섯째, 사체 소각 시설이다. 인체실험이나 동물실험이 사체를 처리하는 기능이다. 인체와 동물 사체를 소각하는 곳이 각각 분리되어 있다.

사체 소각로 옛터(焚尸炉旧址)는 1938년에 처음 건설되었다. 원래 벽돌 혼합 구조의 용광로 건물은 일본이 항복하기 전에 완전히 파괴되었다. 길이 2.1m, 폭 1.7m, 높이 16.3m의 직사각형 굴뚝만 남아 있다. 731 부대의 세균실험 사망자의 시신을 불태우는 장소로, 731 부대가 세균실험을 진행한 중요한 증거이다. 이 옛터는 ≪731 옛터 보호 계획≫의 1급 건설 통제 구역 내에 위치한다. 건물 주변 10m를 주요 보호 구역으로 확장하며 면적은 700m²이다.

여섯째, 731 부대 생활 및 실험, 실전 지원 시설이다.
지하실 통로이다. 지하통로는 남문 정문 위병소 밑에서 시작하여 본부대로, 사방로, 그리고 바이러스 실험실, 제2 유적 전시가 되어 있는 동상실험실 앞으로 하여 일직선의 모양이다. 길이 400m, 넓이 2.5m, 높이 2m, 두께 0.6m, 지하 면적은 1,100m²이다. 본부대로에서 사방로 통로 30m 우측에는 지하에 옷 갈아입는 곳이 있다. 특별감옥으로 이송되는 사람과 주요 세균실험 기자재가 비밀리에 운송되었을 것으로 추정된다.

▲ 특별감옥 모퉁이 사체 소각 시설

보일러실 유적지(锅炉房遗址)는 1936년에 처음 건설되었다. 유적지는 원래 3층 강철 혼합 구조의 건물로, 731 부대가 발전, 난방 보장 세균실험 및 동물 번식에 사용했던 중요한 부대 시설이다. 1945년 8월, 일본이 항복하기 직전에 범죄 증거를 인멸하기 위해 폭파했다. 현재 길이 38m, 두께 1.1m, 높이 15.6m의 남아 있는 벽과 나란히 있는 3개의 굴뚝, 그리고 보일러, 펌프, 주택 기초 등의 시멘트 기초가 있다. 세균전을 일으킨 중요한 죄증이다. 이 유적지는 ≪731 유적지 보호 계획≫

의 중점 보호 구역 내에 위치하며 부지 면적은 159m²이다.

남문위병소 옛터(南门卫兵所旧址)는 1936년에 설립되었다. 건물은 단층 평판 벽돌 혼합 구조로, 평면 동쪽은 팔각형, 서쪽은 직사각형이며, 길이 9.5m, 폭 8.6m, 높이 7.3m이다. 원래 731 부대 본부 핵심 구역 주변의 흙벽 남쪽 벽 중부에 위치했으며, 본부 정문과 마주보고 있다. 이곳은 원래 5개의 위병소 중 유일하게 남아 있는 곳으로, 핵심 구역 출입 검사 및 통과의 중요한 관문이었다. 비밀리에 세균 무기 연구를 수행하고 세균전을 벌였다는 중요한 증거이다. 이 옛터는 ≪731 옛터 보호 계획≫의 중점 보호 구역 내에 위치하며 부지 면적은 82m²이다.

급수탑 옛터(给水塔旧址)는 1936년에 처음 건설되었으며, 근현대의 중요한 사적이다. 건물은 정사각형 3층 벽돌 혼합 구조의 탑으로, 한 변의 길이는 5.7m, 탑 높이는 15.6m이다. 731 부대는 패퇴하기 전에 그것을 불태웠고, 네 개의 벽과 탑 꼭대기만 남아 있었다. 2, 3층 건물은 붕괴되었다. 731 부대 대대 및 기숙사 지역의 급수 시설이며, 세균 실험을 위한 부대 시설이다. 이 옛터는 ≪731 옛터 보호 계획≫의 세 가지 유형의 건설 통제 구역 내에 위치해 있으며 면적은 32.5m²이다. 동쪽, 서쪽, 북쪽 세 면은 외곽 건물 경계에 이르고, 남쪽은 신장대로 북쪽의 도로 제한선에 이르며, 주요 보호 구역으로 면적은 800m²이다.

지하회수지 옛터(地下回水池旧址)는 1936년에 처음 건설되었다. 지하 회수 탱크와 지상 펌프실로 구성된다. 지하 회수조는 강철 혼합 구조로, 길이 39m, 폭 30m, 깊이 5.7m이다. 회수조의 펌프실은 길이 8.3m, 폭 4.5m, 높이 3m이다. 보일러실 발전기 세트의 물을 순환 냉각하는 시설로, 수영장 내에는 7개의 분수 벽이 설치되어 있으며, 상단에는 8줄에 40개의 방열공이 있다. 이는 731 부대가 세균실험을 수행하기 위해 난방과 전력 공급을 보장한 중요한 시설이다. 이 옛터는 ≪731 옛터 보호 계획≫의 중점 보호 구역 내에 위치하며 부지 면적은 1,214m²이다.

철도전용선 옛터(铁路专用线旧址)는 1935년에 건설되었다. 731 부대 진열관 중심을 가로지르는 기찻길이다. 이 전용선은 남쪽으로 핑팡 기차역과 연결되고, 북쪽으로 특수 무기 개발 공장 옛터까지 이어지며, 총길이는 약 4km이고 철도 폭은 1.57m이다. 전용선은 731 부대에 다양한 장비와 실험동물 등의 물자를 운송하고, 생산된 각종 세균 무기 등의 전용 물자를 각지로 발송하는 데 사용되었다. 731 부대의 물자 운송의 주요 동맥이며, 세균전을 일으킨 중요한 증거이다. 옛터 보호 부분은 ≪731 옛터 보호 계획≫의 중점 보호 구역 내에 위치하며 부지 면적은 3,200m²이다.

항공지휘소 옛터(航空指挥所旧址)는 1936년에 설립되었다. 건물은 길이 42.7m, 너비 15.5m, 높이 12.6m의 3층 벽돌 혼합 구조이다. 정상부에는 원래 레이더 안테나와 관찰 지휘대가 설치되어 있었으나, 731 부대가 패퇴하기 전에 일부를 파괴했다. 731 부대의 야외 실험 및 비행 임무 수행을 위한 지휘 센터이다. 야외 세균실험을 진행하고 세균전을 벌였다는 중요한 증거이다. 이 옛터는 ≪731 옛터 보호 계획≫의 1급 건설 통제 구역 내에 위치했으며, 부지 면적은 783m²이고, 건물 외벽 주변 외연 10m가 중점 보호 구역으로 면적은 2,300m²이다. 전용 비행 활주로도 있었다.

양어장 옛터(海鱼池旧址)는 1936년에 건설되었다. 양어장은 지하 강철 혼합 구조로, 길이 35m, 폭 31m, 깊이 2m이며, 발전 보일러의 폐열을 통해 수온을 유지하여, 물고기를 사육하고 731 부대 장교와 연구자들에게 물고기를 제공하기 위해 설치되었다. 이 조치는 그들이 인류를 멸종시킨 인체실험과 세균전 범죄와 절대적인 대조를 이룬다. 이 옛터는 ≪731 옛터 보호 계획≫의 중점 보호 구역 내에 위치하며 부지 면적은 1,216m²이다.

▲ 731 부대 항공 반원 사진

실제 731 부대 유적지 분포 도면을 보면 80여 가지가 된다. 150동의 건물이 있다. 이는 병원, 종교시설(신사), 숙소와 교육, 휴게를 비롯한 생활시설을 포함한 것이다. 현재는 유적지 부분을 제외한 생활시설은 존재하지 않는다. 다만 병원은 731 부대 남쪽 위병소 오른쪽 부분에 위치한 핑팡구 인민의원이 해당된다. 그리고 도고 타운은 건재하고 있다. 3층 구조의 일본군 가족동과 독신 군인 기숙사이다. 도고 타운 내에는 광장, 강당, 극장, 일본군 가족이 경영하는 생선과 야채 판매 시장, 식당, 수영장, 술집, 도고신사(사당), 학교(도고학교) 등이 있었다. 현재는 핑팡구 민간인 거주 지역이다. 홍치 Mall 상가 맞은편에 해당되며, 현재 핑방구 지역에서 가장 번화가이다.

▲ 세균 탄피 제조공장 유적지(보호 계획)

제7장
죽은 자는 말한다

731 부대 사망자들을 순난자라고 한다. 인간은 자연사를 갈구한다. 그러나 타인에 의해 삶이 단축되는 전쟁, 범죄, 살인 등은 누구도 원치 않는다. 731 부대에 의하여 삶이 단축된 사람들은 대략 3,000여 명 정도로 집계된다. 세균에 의한 2차 감염이 아닌, 731 부대에서 실험 대상으로 희생된 순난자의 통계이다. 그들의 죽음은 증언하고 있다. 또한 그들의 가족들도 증언하고 있다. 대부분 중국인으로, 순난자, 죽은 자는 말한다.

다음은 세균 연구, 인체실험, 특별이송 중심으로 기록하였다.

세균 연구 증언을 살펴보자. 731 부대는 각종 세균과 전염병을 연구했다. 페스트, 콜레라, 탄저, 장티푸스, 괴저, 성홍열, 유행성 출혈열, 백일해, 성병, 결핵 등이다. 군의 하다 다다시(秦正)는 세균 연구 활동을 이렇게 진술하였다.

"제731 부대 부대장 기타노가 주관했다. 한 달에 한 번씩 연구회가 열렸다. 경리관, 위생 군관, 각 부의 소위 이상 인원과 기사들로 40~50명으로 구성되었다. 한 달 동안 진행한 연구 실적을 보고했다. 군의 하다 다다시는 두 번 정보 보고를 했다. 우선, 1945년 1월 다카하시 마사히코는 3명의 중국인에게 페스트균을 주입하여 폐와 신장에서 발견된 페스트를 일본이 제조한 '술파밀아미드'로 치료 보고하는 내용과 페스트에 관한 소련 연구 논문을 번역하여, 페스트에 관한 보고를 하였다. 둘째는 1945년 1월 요시무라(吉村)반의 무텅(武騰) 기사는 중국인 대상으로 식염수를 주입한 결과, 식염수 양에 따라 신진대사가 빨라진다는 보고를 했다."6)

이시이 부대에 백신반 야마우치(山內豊紀)는 "방역 연구소에서 80명 정도가 접종(콜레라 백신), 실험을 했다."라고 증언했다.

인체실험의 증언을 살펴보자.

731 부대 인체실험은 임상 관찰, 해부 관찰, 병리 관찰 3단계로 진행되었다.

우에다 야타로(上田彌太郎)는 1954년 자백서를 제출했다. 1942년 4월 우에다 야타로는 에다 다케이치(江田武一)와 제7동과 제8동 감옥에서 인체실험 참석 명령을 받았다. 감옥에 투옥 전 먼저 사진관에서 사진을 찍고, 사진을 출입증에 붙이고 들어갔다. 주요 업무는 매일 피실험자의 혈청, 혈침, 혈압, 체온을 측정하고 기록하는 것이다. 피실험자 주사 접종과 균액 접종은 반장이나 기술원이 진행했다. 그 실험으로 세균감염으로 인해 피실험자 3명이 죽었다. 모두 해부 후 불태워 버렸다고 자백하였다.7)

---

6) 中央档案馆등, 《细菌战与毒气战》, 中华书局, 1989年. 11p
7) 中央档案馆, 《细菌战与毒气战》, 中华书局, 1989年. 67p

우에다 야타로는 1917년 가가와현(香川縣) 출생, 1938년 3월 입대, 중국 청더(承德) 일본군 제881부대에서 훈련받았다. 1941년 7월부터 1943년 7월까지 제731 부대 제4부 제3반 통계 사무실과 세균 연구실에서 근무, 세균 생산과 세균 실험에 참가했다. 1943년 7월부터 일본 투항 전 린터우현 동안성립(東安省立) 병원에서 의사로 근무, 1945년 8월 일본 패전 후 동북 항일연군에 군의로 근무하던 중, 1953년 신분이 폭로되었다. 그리고 푸순 전범관리소에 감금되었다. 1954년 731 부대 인원편제, 설비 장치, 작업 활동, 세균 생산, 인체실험 및 세균전 상황에 대해 서면 자백서를 제출했다. 일본 투항 후 일본으로 돌아가지 못하고, 중국 군의로 소속되어 근무하던 731 부대 근무원도 적지 않았음을 알 수 있다.

다무라 요시오(田村良雄)는 1954년 10월 10일 이렇게 자백하였다.

> 어느 날, 아침, 그날은 내가 소독수를 뿌려 놓은 중국인이 죽었든 죽지 않았든 간에 해부하는 날로 정해졌다. 중국인의 얼굴에는 흑자색으로 된 피가 묻어 있었고 들것에서는 피가 뚝뚝 흘러내렸다. "장뇌액 두 대" 하고 오오키(大木)가 손가락으로 두 개를 표시하며, 주사하라고 명령하였다. (중략)
> 호소시마(細島)는 중국인의 목덜미를 돌리고 오른손의 수술칼로 중국인의 목에 있는 동맥을 찔렀다. 동맥을 따라 피가 흘러나왔다. 머리가 좌우로 심하게 흔들었다. 호소시마는 수술칼 뒷면으로 심장 부분을 두드리면서 "장뇌 강심제 두 대"라고 소리치고는 또 한 번 목 부위 동맥을 잘랐다. 곧바로 숨이 끊어졌다. 호소시마는 수술칼을 거꾸로 쥐고 복부로부터 아랫배로, 다시

흉부로 베었다. 절지용 톱으로 갈비뼈를 자르고 내장을 전부 드러냈다. 20분 만에 육체는 여러 토막으로 해부실험대에 남아 있었다.[8]

그리고 다무라 요시오는 또 다른 자백도 하였다. 세균 독성 실험을 위한 인체실험을 했다는 것이다.

해부 실험이 시작되기 전에 먼저 채혈하여 면역 수치를 측정하였다. 3명의 산 사람을 선택하여, 한 사람은 백신을 접종하지 않고, 다른 한 사람은 731부대에서 자체로 생산한 백신을 접종하고, 나머지 한 사람은 소련에서 생산한 백신을 접종하였다. 이것이 제1 단계의 작업이었다. 이와 동시에 다른 한 팀에서도 작업을 진행하고 있었다. 그 팀에서는 다른 나라의 백신을 접종하여 일정한 간격으로 피를 뽑아 면역 수치를 측정하였다.

다무라 요시오는 시노쓰가 요시오라고도 부른다. 1923년 일본 지바현에서 출생하였다. 도쿄 육군 군의학교 방연 연구실에서 세균 배양기의 제조 및 여과실험 방법 등을 배웠다. 2개월 후 1939년 관동군 방역급수부 청소년 부대에 들어갔다. 주로 세균 생산, 인체실험, 생체 해부 등의 보조 작업을 하였다. 1943년 3월 병역 만료 퇴직하고 일본에 귀국했다. 그 후 1944년 11월부터 1945년 2월까지 관동군 제54사단 군의부 진료 조교로 있었으며, 후에 731 부대 훈련에 참가하였다. 일본 패전 후 통화로 도망가 1946년부터 1952년까지 중국군에 가입해 있었

---

8) 郭素美, ≪人性的泯灭与复苏≫, 发表于1995年在哈尔滨召开的反对侵略维护和平座谈会.

고, 1952년 신분이 폭로되어 푸순 전범관리소에 압송되어 수감되었다. 1956년에 석방되어 일본으로 갔고 일본에서 '중국 귀환자 연락회(약칭 중귀련)' 조직에 참가하여 치바현 지부장을 역임하였다. 그리고 731 부대에서의 죄행을 폭로하였다. 중국에 여러 번 와서 참회하였다.

기타 부대 인체실험의 증언은 어떠하였는가? 다케우치 유다카(竹內豊)의 자술서에 내용은 이렇다.

"1943년 8월 1~31일 나는 지난(濟南) 세균실험장에 파견되었다. 지부장은 연구를 위하여 지난 헌병대로부터 11명의 팔로군 포로를 데려왔다. 장티푸스균의 감염성을 실험하기 위하여 6명의 팔로군 포로에게 병균을 섞은 음식을 먹였다. 그리고 5명에게는 피하조직에 주사하였다. 발병 후 인체를 해부하여 장의 궤양 및 응혈의 상황을 관찰하였다.[9]"

제1855부대 본부는 베이핑(현 베이징)에 설립하였다. 1937년 7월 7일 루거우차오 사변 후, '화베이 파견군 방역급수부'를 설립하였다. 공식적으로는 니시무라(西村) 부대라 칭했다. 제1855부대는 이시이 시로가 기술 지도를 수행했다. 제1855부대 지난 방역급수부는 1938년 지난시 징류로(經六路) 다웨이류로(大緯六路)에 설립하였다. 제1855부대는 실험 재료를 원숭이(위안, 猿)라 불렀다. 제1855부대 인체실험은 지난 방역급수부에서 진행하였다. 인체실험은 731 부대가 중심으로 지

---

9) 中央档案馆等, 《细菌战与毒气战》, 中华书局, 1989年。311p

역마다 진행된 것이다.

특별이송의 증언을 보자. 우선, ≪731 부대 '특별이송' 수해자 가족 자술≫10)에 기록된 '심득룡'을 찾아가는 내용을 기술해 보자.

원시 당안관을 찾아서 다롄 당안관에 갔다. 최종적으로 다롄시위당사 연구실에서 전 다롄헌병대의 원시자료를 찾았다. 공안국을 통하여 大憲高 제663호 쇼와 18년 10월 16일 大憲高 제57호 자료를 정리했다. '다롄헌병대 정탐조사, 체포, 심판, 지하공작인원 심득룡 등 보고 자료'이다.

발송기관: 關憲司, 防司, 大特機關各隊(包含86部敎習隊)
별책 제일(약)

(1) 피 체포인
　　원적, 安東省 了河縣
　　現住, 다롄시 高沙町 153호
　　옷 가게를 가장한 興亞사진관
　　홍군참모본부에서 만주 파견한 전보간접보도원 '首魁' 소련공산당원
　　심득룡, 별명 李慶春
　　쇼화 18년 10월 1일, 현재 거주지에서 체포
　　당시 32세

---

10) 왕이삥(王亦兵), ≪731 부대 '특별이송' 수해자 가족 자술≫ 76~79p

(2) 체포 개황

심득룡, 관동헌병대 사령부 명령, 86부대 무선전보 조사반이 다롄의 무선 첩보 보도원에 잠복할 가능성에 대해, 지속적으로 기술 조사를 하던 중, 두 번째 핵심적 결과에 근거하여 전보 혐의 현장을 대량 확정하였다.

이후 조사를 하던 중 10월 1일 1시 30분 XAAJ 전자파가 동시에 나타났다. 다롄 헌병대 명령 제10호에 근거하여 체포를 위해 접근, 심득룡 거처에서 발송된 것을 확정하였다. 같은 날 2시 37분에 전보 마무리 시간과 동시에 두 명을 체포하였다. 무전기와 기타 증거물을 압수하였다.

제8장
산자여 말하라

731 부대가 철수할 때 이시이 시로는 731의 존재를 철저하게 숨기고, 파괴하고자 하였다. 철저하게 본명을 숨기는 방식으로 전쟁의 심판에서 벗어나려고 했다. 더불어 이시이 시로는 자신의 장례식까지 치렀다. 그렇지만 양심 고백이 이어졌다. 가해자로서 평생 트라우마를 가지고 살아가는 731 부대 근무자들의 증언이 일본 전역에서 봇물처럼 쏟아져 나왔다. 일본 군국주의 죄증을 증언한 것이다.

역사의 법정에서 현실의 법정으로 역사의 진실을 규명

731 부대 관련 재판은 교과서에서 출발하였다. '이에나가(家永) 교과서 재판'이라고 한다. 일본 문부성에는 교과서 검증 제도가 있다. 게이오기주쿠(慶應義塾) 대학 명예교수인, 마쓰무라(松村武雄) 선생에 의하면, 검증 제도는 '일본이 타국을 식민지화하고 지배한 역사적 사실을 학생들에게 가르치지 않기 위해 교과서 게재를 방해하는 제도'[11]라고 기술하였다.

도쿄교육대학 이에나가 사부로(家永三郎, 1913년 9월 3일~2002년 11

---

11) 역사비평 132, 《731 부대와 세균전 연구의 성과와 과제 – 국가배상청구 소송을 중심으로》, 역사문제 연구소, 2020 가을, 56P

월 29일) 교수가 교과서 집필자의 표현의 자유, 교육을 위협하는 제도라며 일본 문무성을 제소하였다. 1965년 6월 12일 이에나가에 의해 소송에 회부되어, 1974년 7월 16일 도쿄 지방재판소 판결 1심 재판이 있었다. 법원은, 교과서 검정 제도를 검열제로 악용해서는 안 되며 이는 일본 헌법 제21조 위반으로, "국가는 이에나가 사부로에게 10만 엔을 지급하라."라고 판결했다.

그 후 1980년 2차 소송에선 일본의 전쟁을 '침략과 '진출'인가에 대한 검증, 제3차 소송에선 난징대학살, 조선인 강제 연행 및 강제노동, 그리고 731 부대 등 쟁점이었다. 731 부대는 지방법원에 패소하고, 항소하였다. 고등법원에 항소하였으나 패소, 결국 대법원에서 승소하였다. 1993년 10월 25일 소송 회부하여, 1997년 8월 29일에 판결되었는데, 일본 최고재판소가 판결하였다.

교과서 검정 제도가 합법적일지라도 소모타이(soumoutai; 草莽隊) 및 난징대학살과 일본의 전쟁 중 성범죄와 731 부대, 총 4가지에 대한 기록이 위헌적 검열이며, 내각의 재량권 중 하나에 대한 남용이라고 판결했다. 결국, "국가는 이에나가 사부로에게 40만 엔을 지급하라."라는 판결이 내려졌다. 3만 명에 달하는 일본인의 지지로 결국 32년의 교과서 장기 소송은 막을 내렸다. 이에나가 사부로 교수는 1999년과 2001년에 노벨 평화상 후보로 올랐다.

마쓰무라 선생은 《역사비평 132》에서 "이에나가 재판에서 일본 최고 재판소(대법원)는 하얼빈 교외, 핑팡에 있던 731 부대가 중국인 등

수천 명을 대상으로 인체실험을 했다는 점을 역사적 사실로 인정했다.12)"라고 기술했다.

일본 대법원의 판결은 중국 측의 소송으로 이어졌다. 인체실험 피해자 유가족 징란즈 등이 1995년 일본 정부를 상대로 '인체실험재판' 시작, 1997년 '세균전 피해자재판'이 시작되었다. 세균적 피해자재판은 원고 108명 1차 소송, 원고 72명 2차 소송이 1999년 12월에 진행되었다. 그러나 결과적으로 패소했다. 해외 피해자에 대한, 일본 전쟁범죄의 대명사 731 부대를 역사에서 은폐하려는 일본 정부의 의중이 반영된 것으로 보인다. 일본이 이제는 불편한 역사의 진실을 면대할 역사적 기회를 잃지 않기를 바란다.

그러나 여전히 양심 있는 일본인들은 역사의 진실을 위해, 역사의 법정에서 현실의 법정으로 일본 정부를 상대로 증거를 찾고, 법률을 조력하고 있다. 이에 대표적인 인물이 전술한 마쓰무라 다케요라는 게이오기주쿠 대학 경제학부 명예교수이다.

1985년 이후 731 부대와 세균전에 관한 연구로 ≪논쟁: 731 부대≫ 晩聲社(1994), ≪재판과 역사학－731 부대 세균전 부대를 법정에서 보다≫ 現代書館(2007), 저서를 집필했다. 특히 2001년에는 세균전 피해자 재판 법정에서 미국, 일본, 중국, 소련에서 구한 사료에 근거한 ≪일, 미, 중, 소 자료에 의한 731 부대와 세균전의 해명≫의 감정서를 통해 일본군에 의한 세균 무기 제조 사실과 중국에서 전염병을 발생시켰다

---

12) 역사비평 132, ≪731 부대와 세균전 연구의 성과와 과제－국가배상청구 소송을 중심으로≫, 역사문제 연구소, 2020 가을, 56P

는 사실을 근거로 제시하였다.

새로운 자료 공개, 일본 도덕성의 시험대

중국, 소련, 미국 등에서 731 부대 자료가 발굴되고 있고, 피해자의 증언도 나오고 있다. 또한 일본 민간에서도 증거가 나오고 있다. 그러나 일본 정부만이 자료를 은폐하고 있다.

자위대 위생학교 교장을 역임한 이노우에 요시히로(井上義弘)의 자료가 도쿄 진보쵸 헌책방에서 발견되었다. 이는 자위대 위생학교 전 교장인 긴바라 세쓰조(金原節三)가 ≪대동아 전쟁 위생사≫를 집필하기 위해 전직 군인들에게 모아 놨던 자료를 이노우에 요시히로가 자택으로 옮겼고, 사망 후 유족이 헌책방에 내놓은 것이다. 긴바라 세쓰조는 1942년 육군성 의무국 의사과장으로 세균전에 관여한 것으로 알려졌다. 1983년에 네 상자가 발견된 후 게이오기주쿠 대학 도서관 특수 서고에 보관되어 있으나 비공개로 되어 있다.

731 부대 및 세균전 자료는 1947년 6월 미국에 제공되었다. 1986년 미국 의회 공청회에서 731 부대 관련 자료를 1950년대 말 종이상자에 넣어 일본에 반환했다는 증언을 했다. 그러나 일본 정부는 공개하지 않고 있다. 일본의 비정상적인 대응은, 문명국가를 자처하는 일본의 도덕성이 시험대가 되고 있다.

제9장
의학과 윤리(생명과 의학): 일본 의료의 원죄

1981년 11월 30일 일본에서 ≪악마의 포식≫이 발간됐다. 저자 모리무라 세이이치(森村誠一)는 서문에서 "나는 아카하타〈赤旗〉일요판에 소설 ≪죽음의 무기≫ 연재 중, 만주 제731 부대는 일본 육군의 세균전 부대의 생존자 다수와 접촉할 기회가 있었다. 세계 최대 규모의 세균전 부대는 일본 전국의 우수한 의사와 과학자를 집약한 3천 명의 포로를 대상으로 비인도적 생존 실험을 하고, 세균 병기를 대량 생산하였다. 그리고 이 기술은 현재 미국생물, 화학전 부대에 전달되었다."라고 밝히고 있다.

'의학'과 '윤리'에서 인간을 기계로 종속시켜 '물체'로서 취급하는가의 문제이다. 일본 의료계에서 인간을 물질로 보는 사상(사고방식)의 발전은, 역사 속에서 731 부대의 인체실험이라는 인간의 윤리에 정식으로 위배되는 형태로 나타났으며, 이는 또한 그 역사가 한국(6.25)전쟁에서도 반복되었다는 점이다.

731 부대에서 자행된 일본 의료의 원죄를 살펴보자.

731 부대 주요 무기는 페스트균을 숙주의 체내에 삽입하여 독성을 강화하고 증식시키는 것이다. 이시이 연구소로 대표되는 관동군 방역급수부(제731 부대)와 관동군 군마방역급수반(제100부대)은, 1935년과

1936년에 편성되었으며, 세균전 대상의 페스트균, 콜레라균, 가스균, 탄저균, 장티푸스균의 연구와 배양을 추진하였다.

또한 인체실험을 하기 위하여 300~400명을 수용할 수 있는 특별감옥을 만들었다. 이곳에서 자행된 인체실험을 보면, 일본 의사의 윤리의식과 731 부대 퇴역 후 부대원들의 근무지를 살펴보면 일본 의료의 원죄를 파악할 수 있다.

우선, 교토제국대학의 의학부에서 7명의 조교수와 강사를 군속으로 731 부대에 보냈다. 인체 냉동실험의 요시무라 히사토(吉村壽人, 1907~1990[13]))도 그 일원 중 한 명이었다. 요시무라 히사토의 군사 임무는 이론적이고 임상적으로 민간의 측면에서 지도하기 위한 것이었다. 일본의 일류 세균학자의 지도를 받은 연구원과 기술원이 3,000명에 달했다. 요시무라 히사토는 731 부대 퇴역 후, 교토부립 의과대학과 효고현 의과대학 교수를 역임했다.[14]

둘째, 인간의 티푸스(チブス[15]) 가스균 감염실험에 대한 고도(古都)의 증언을 보면 다음과 같다.

---

13) 효고현 출신, 1938년 교토제국대학 의학부 졸업, 1936년 생리학 박사를 취득했다. 1938년부터 1945년까지 제731 부대 제1부 요시무라반 반장으로 동상실험에 종사했다. 일본 패전 후 일본 남극 고찰대 대장으로 임명되었고, 교토부립 의과대학 생리학 교수를 역임했다.

14) 高杉晋吾, ≪日本医療的原罪:人体実験和戦争責任≫和≪日本的人体実験:思想和構造≫, 亞紀書房, 1973년, 41p

15) 티푸스(typhus) 또는 발진티푸스(typhus fever)로 추운 지역에 비위생적인 환경에 사는 사람들 사이에서 발생하는 병

"1934년경, 나는 제1부장 다베이 가노우(田部井和, 1905~1976, 731 부대 퇴역 후 교토대학 의학부 미생물학과 강좌 주임 교수)의 명에 의해서, 731 부대 내 감옥에 수감된 인간에게 티부스를 주입시켜 오염시킨 후 1리터의 물을 주입하였다. 물은 50명의 중국인에게 강제적으로 먹게 하고, 예방주사를 하여 병원균의 효력을 보고 관찰하였다. 오염실험은 1943년과 44년에 세균을 주사하여, 오염 후에 세균의 정도를 검사한 후, 내부의 세균 번식 검사를 분석하였다. 세균량을 중국인과 만주인 5~6명에게 먹인 후 그 결과 전원이 티부스에 걸렸다."

셋째, 훈련교육부와 가스 탄저균 감염실험을 진행한 니시 도시히데(西俊英16))의 증언은 이렇다.

"1945년 1월, 나의 입회하에, 제731 부대 안다(安達) 실험장에서, 동부대의 제2 부장 정(碇) 중좌 및 동부대 니키(二木) 기사에 의해, 중국인 포로 10명을 10~20m씩 나무에 포박하고 전류가 흐르는 폭탄을 폭발시켰다. 실험자의 즉사를 방지하기 위하여, 두부(頭部)에서 등 부분에 특수한 철판 및 선을 부착하여 발 부분까지 연결시켰다. 스위치를 넣자, 유산탄이 파열되면서, 피실험자를 배치한 광장에 가스 탄저균이 부착된 유산탄이 흩어졌다. 그 결과 피실험자의 발 부분부터 상처를 입어, 일주일 후 고문사(拷問死)에 이르렀다."

니시 도시히데는 731 부대 퇴직 후 일본 서의원(西醫院) 원장을 지냈

---

16) 731 부대 쑨우 부대장, 후에 731 부대 본부 훈련 교육부장 역임

다. 이외에도 독약 실험, 인체 냉동실험, 가축 감염실험 등 무수한 사례가 많다.

731 부대 부대원의 전쟁 후 현황을 살펴보자.

731 부대에서 근무했던, 살인공장의 인원들은 일본 투항 후 어찌 되었을까? 죄에 대한 단죄를 받고, 반성하면서 살았을까? 현재 파악된 60여 명, 그들은 무엇을 하였을까?

731 부대 전쟁 후 임직 현황을 보면 아래 표와 같음을 알 수 있다.

〈표5〉 731 부대 근무자 전쟁 후 임직 현황

순서 序号	성명 姓名	소속 所属	전후 임직처, 직위 战后任职处, 职位
1	石井四郎	731部队(部队长)	自营旅馆
2	北野政次	731部队(部队长)	绿十字公司东京分公司董事等
3	川岛清	731部队总务部, 第一部, 第三部, 第四部等	八街少年院
4	宫川正	731部队第一部X光班	埼玉医科大学
5	草味正夫	731部队第一部草味班	昭和药科大学
6	凑正男	731部队第一部凑班	京都大学医学院
7	田中英雄	731部队第一部田中班	大阪市医专讲师, 大阪市立大学医学部部长
8	肥野藤信三	731部队第一部肥野藤班	肥野藤医院院长
9	冈本耕造	731部队第一部冈本班	兵库医科大学教授, 东北大学, 京都大学医学部病理学第四代主任, 近畿医科大学医学部长
10	高桥传	731部队第一部高桥班	高桥医院院长
11	吉村寿人	731部队第一部吉村班	京都大学航空医学教室助教授, 京都府立医科大学, 兵库医科大学教授

순서 序号	성명 姓名	소속 所属	전후 임직처, 직위 战后任职处, 职位
12	江岛真平	731部队第一部江岛班	国立预防卫生研究所血液部
13	笠原四郎	731部队第一部笠原班	北里研究所病理部部长
14	石川太刀雄丸	731部队第一部石川班	金泽大学医学部病理学教授
15	滨田丰博	731部队第一部田部班	香川县卫生研究所
16	根津尚光	731部队第二部	都立卫生研究所
17	增田美保	731部队第二部航空班	防卫大学
18	八木泽行正	731部队第二部八木泽班	抗生物质协会
19	江口丰洁	731部队第三部	江口医院院长
20	早川清	731部队第三部	早川预防卫生研究所
21	渡边荣	731部队第四部	阪大微生物病研究会观音寺研究所
22	野口圭一	731部队第四部野口班	绿十字公司名古屋营业所所长
23	植村肇	731部队第四部植村班	任文部省教科书主任调查官
24	山田泰	731部队教育部园田队	九州大学
25	西俊英	731部队教育部长, 孙吴支部长	西医院院长
26	堀口铁夫	731部队器材部	国立预防卫生研究所
27	榊原秀夫	731部队林口支部	综合医院南阳医院
28	长友浪男	731部队林口支部	北海道厅卫生部长(副知事)
29	安东洪次	731部队大连支部	武田药品公司顾问
30	岩田茂	731部队大连支部	阪大微生物病研究会观音寺研究所
31	春日仲善	731部队大连支部	北里研究所
32	金泽谦一	731部队大连支部	武田药品公司研究部长
33	仓内喜久雄	731部队大连支部	永寿医院院长
34	田部井和	731部队大连支部	京都大学医学部微生物学讲座主任
35	中黑秀外之	731部队大连支部	陆上自卫队卫生学校校长
36	目黑正彦	731部队大连支部	目黑研究所
37	篠田统	731部队, 1855部队	三重县立医专教授
38	大田黑猪一郎	731部队, 9420部队	绿十字公司常务董事
39	贵宝院秋雄	731部队, 9420部队	京都微生物研究所
40	羽山良雄	731部队, 防疫研究室, 9420部队	自营诊所

순서 序号	성명 姓名	소속 所属	전후 임직처, 직위 战后任职处, 职位
41	大塚宪二郎	731部队	国立东京第一医院
42	加藤胜也	731部队	名古屋公众医学研究所
43	金子顺一	731部队	东芝生物物理化学研究所新潟支所, 预防接种研究中心
44	工藤忠雄	731部队	大阪红十字医院
45	国行昌赖	731部队	日本制药公司
46	儿玉鸿	731部队	国立预防卫生研究所第一代所长, 庆应大学教授
47	斋藤幸一郎	731部队	京都大学附属医专教授, 山口医专教授, 长崎医科大学
48	贞政昭二郎	731部队	原子弹爆炸伤害调查委员会检查技师
49	潮风末雄	731部队	三重大学医学部病理学教授
50	篠原岩助	731部队	国立都城医院附属高等看护学院
51	铃木重夫	731部队	东京卫生器材研究所
52	关根隆	731部队	东京水产大学
53	濑尾末雄	731部队	三重大学医学部病理学教授
54	妹尾左和丸	731部队	冈大医学部病理学教授
55	园口忠男	731部队	陆上自卫队卫生学校, 熊本大学
56	巽产治	731部队	巽医院院长
57	所安夫	731部队	东京大学病理学助教授, 帝京大学医学部
58	中野信雄	731部队	加茂医院院长
59	野吕文彦	731部队	野吕医院院长
60	滨田稔	731部队	京都大学农学部助教授
61	平山辰夫	731部队	东京都立摄子保健院
62	樋渡喜一	731部队	樋渡医院院长
63	目黑康雄	731部队	目黑研究所所长
64	山口一季	731部队	国立卫生试验所

대표적으로, 이시이 시로는 자영업, 기타노 마사지는 녹십자 이사를 역임하였다. 731 부대에 근무한 총 64명의 직업은 대부분 의과대학 교수, 개업의, 간호학교 교장, 의료 연구소, 의료 기업회장, 국가병원, 일본 자위대 교수, 문부성 교과실 주임, 제약회사, 국립예방의학 연구소, 북해도 방위성 부장 겸 부지사, 제약회사 고문 등, 일본 의료·의학계에서 근무했다. 이들이 일본 의료의 후학 제자 양성, 의료 제약 제조, 혈액 제조, 의료 정책 교육 집행, 의료 정책 지방 집행자였던 것이다. 현재 일본 의료업계는 이런 원죄를 안고 있다.

한국전쟁에서도 일본 세균전을 이야기하는 기록이 있다. 거제도 포로수용소에서 세균실험이 행해져, 12만 5천 명의 포로 중, 1,400명이 감염되었다.(AP 발, ≪아메리카의 毒藥, 毒가스 作戰≫, 解放新書[17])). 유네스코 자연과학부장 리다마 박사(영)를 단장으로 하여, ≪국제과학위원회의 조사 보고≫에 의하면, 이시이 시로가 한국에 두 차례 방문했다. 당시 모스크바 방송 텔레그래프 급보에 의하면, 이시이, 키타노(北野)의 한국전쟁 참가를 보도하였다. 그때 거제도 포로수용소에서 세균무기의 효력 시험이 있었다. 기술적 협력자로서 이시이, 키타노, 암송용차랑(전 관동군 제100부대장 소장)이 세균전 산포의 지휘를 하였다.[18]

---

17) 高杉晉吾, ≪日本医疗的原罪:人体实验和战争责任≫和≪日本的人体实验:思想和构造≫, 亞紀書房, 1973년, 89p
18) 高杉晉吾, ≪日本医疗的原罪:人体实验和战争责任≫和≪日本的人体实验:思想和构造≫, 亞紀書房, 1973년, 89p

이런 기록들로 731 부대의 만행이 여전히 한국전쟁으로까지 이어져 오고, 일본의 의료 원죄가 한국에서도 진행되었음을 알 수 있다.

제3부
대화(對話)

제10장
왜, 731을 찾아오는가?

2025년 하얼빈은 동계 아시안 게임을 개최하였다. 모든 아시아의 시선이 집중되었다. 스포츠를 통한 건전한 정신은 하얼빈의 아시아 얼음과 눈에만 주목하지 않았다. 일제의 만행을 확인하려는 발길이 아시아 전역으로 이어졌다. 또한 일제의 만행을 응징한 하얼빈역 안중근 의사 기념관, 동북 지역의 항일운동을 소개한 동북 항일열사 기념관도 있었다. 그러나 그 발걸음의 중심에는 '731 진열관'이 있었다.

▲ 731 진열관

제3부 대화(對話)　153

731 진열관에 찾아오는 참관자 대부분의 방문 목적은 다양하다. '방학 시기 사회 실천', '가족과 함께하는 역사 이해, 특히 자녀', '국가의 피침략 역사', '일본의 죄증', '치욕의 역사 이해' 등인데 가장 많은 부분은 '치욕의 역사를 기억하고 잊지 말자'라는 것이 상당수 731 진열관을 찾아오는 목적이었다. 731 진열관의 박물관 기능 목적과 부합된다고 할 수 있다. 역사의 죄증은 과거를 직시하고 미래로 나아가는 발걸음이다.

▲ 731 진열관 주제

아울러, 731 진열관에서 인상적인 부분으로는, '세균전', '동상실험', '전후 심판', '페스트', '독가스 실험' 등을 거론한다. 그중 '인체실험' 즉, 살아 있는 인간에 대한 인체실험이 가장 깊은 인상을 주었다는 점으로, 가장 자극적인 증거이기도 하다. 아이들에게는 깊은 트라우마로 남을 수 있는 부분이다. 이는 731 진열관에서 심리치료를 병행하여 개선할 부분이기도 하다.

▲ 2015년 8월 15일, 731 진열관 신관 개관식

제11장
한국과 731 부대

한국에서도 731 부대와 관련된 주장과 기록이 있다. 우선 대표적인 것이 소록도(小鹿島)와 731 부대의 연관성이다.

한국 남해 작은 바다 아름다운 섬, 작은 사슴을 닮아 소록도라 부른다. 행정 구역으로 전라남도 고흥군 도양읍 소록리이다. 고흥군 녹도항에서 배를 타고 10분, 소록대교로 연결되어 차량으로 지척이다. 청정한 자연, 수려한 해안 절경, 울창한 송림, 그러나 역사적 상처를 배태한 섬으로, 외부와 격리되어 아픔의 상처는 켜켜이 쌓여 있다. 청정 자연 속 슬픈 속살을 들여다보자.

일제 강점 후 1916년 나병(癩病) 정책 수립 후, 소록도에 자혜의원(慈惠醫院)을 개설하였다. 나병은 한센병으로 불린다. 나균은 피부와 말초 신경계를 침범하여 조직을 변형시키는 질병이다. 소록도 자혜의원은 1925년 6월부터 1933년 8월까지 조선총독부 내무부, 경무국, 위생과 등이 확대하였다. 1934년 9월부터 1945년 8월까지 소록도 갱생원으로 명칭이 변경되어 운영되었고, 1941년에 6천 명이 거주하였다. 주로 수용 위주였다.

대한민국 해방 후 유지되다가 1982년 12월 국립소록도 병원으로 개칭, 2016년 8월 국립 소록도 병원 한센병 박물관이 개원 100주년에 맞추어 설립되어 오늘에 이르고 있다.

 소록도와 731 부대 관련 주장은 한국 비림박물관 관장 허유(許由)의 2006년 10월 충청대학에서 개최한 '일본군 731 부대 죄행에 대한 국제학술 토론회'에서 미나미 지로(南次郞, 1874~1955)[1]의 방문과 이춘상(李春相) 사건을 소개하면서 역사의 수면에 올라왔다.

 또한, 소설가 공관식(2011)에 의하면[2], "한센병에 대하여 관심을 갖게 된 것은 소록도를 방문하여 자료를 검토하던 중 엄청난 역사의 비밀이 숨겨져 있음을 발견할 수 있었다. 그것이 바로 그 유명하고 악명 높은 731마루타 부대와 소록도가 연결되어 있다는 점이다. 그 연결고리를 찾는 데는 많은 시간과 노력이 필요했고, 소록도 주민들의 증언이 있었기에 가능하였다."라고 기술하고 있다.

 2011년 93세인 김기현 옹의 증언을 제시했다. 1938년 9월 15일부터 16일까지 조선총독 미나미 지로가 소록도 갱생 시찰과, 조선인 이춘상의 1942년 6월 20일 소록도 4대 갱생원장 스오 마사스에(周防正秀) 살해 주장 증언을 바탕으로 기록하고 있다.

 우선, 미나미 지로의 시찰이다. 미나미 지로는 조선총독부에 재직

---

[1] 미나미 지로(南次郞), 일본 육군 군인, 1927년 참모차장, 1929년 조선군사령관 역임, 만주사변 당시 육군대신, 1934년 12월 10일 관동군 사령관 겸 만주국 대사역임, 1936년 8대 조선총독으로서 내선일체화, 황국신민화, 국가 총동원령을 시행, 창씨개명, 전쟁 후 극동국제군사재판에서 종신형을 받음
[2] 공관식, ≪소록도와 731 부대≫, 당진문학 제 100호, 2011, 120p

전 1934년에 만주 관동군 사령관에 재직하였다. 재직 기간이 이시이 시로 731 부대 건립 초기와 일치한다. 공관식(2011)에 의하면, "왜 조선 총독이 그 머나먼 작은 섬, 소록도를 방문하였을까?"라고 반문하면서 "단순히 나병환자들을 긍휼함보다, 인체실험을 전개했다."라고 기록하고 있다. 당시 미나미 지로가 온 후 환자들의 사망률이 급증하였다. 소록도 갱생원 연보에 의하면, 사망률이 1937년 102명에서 1941년 432명으로 인체실험의 증거[3]라고 기록하고 있다. 특히 소록도 갱생원의 구조에 주목하고 있다.

고흥군청 홈페이지 소개에 의하면, 1935년에 감금실과 검시실이 설치되었다. 감금실은 시멘트 벽돌($139.34m^2$) 내부는 남과 북으로 두 건물이 중간의 회랑으로 연결된 H자형 평면을 이루고 있어 형무소와 유사한 구조이고, 외부는 붉은 벽돌과 육중한 담으로 둘러싸여 있다.

건립 당시 15칸(남쪽 9칸, 북쪽 6칸)의 방에 철장이 설치되어 있었다. 각 실의 마룻바닥 밑에는 변기가 설치되어 있고, 감시실은 해부실로 불렸고, 1935년 5월에 건립되었다. 시멘트 벽돌($54.6m^2$) 건물로 두 칸으로 나뉘어져 입구의 넓은 방은 사망환자의 검시를 위한 해부실로 사용되었다. 그리고 안쪽은 검시 전 사망환자의 유해를 보관하던 영안실로 사용되었다. 사망환자는 사망원인에 대한 시신 해부를 거친 뒤에야 장례식을 거행할 수 있었다. 시신은 인근 화장장에서 화장되어 유골은 만령당에 안치되었다.[4]

---

[3] 공관식, 《소록도와 731 부대》, 당진문학 제100호, 2011, 123p
[4] 전라남도 고흥군청 홈페이지 고흥 10경, 역사의 섬 소록도 소개글

▲ 소록도 갱생원 감시실 (자료:고흥군청 홈페이지)

　공관식(2011)은 "감시실은 시신을 검사하기 위한 장치라기보다는 살아 있는 사람을 인체 실험하기에 알맞게 형틀이 만들어져 있었다."[5]라고 기술하고 있다.

　둘째, 이춘상 사건이다. 이춘상의 본명은 이춘성(李春成)이다. 1942년 27세, 환자로 수용되어 있었다. 당시 소록도 갱생원장 스오 마사스에를 살해한 장본인이다. 스오 마사스에는 1933년에 부임하였다. 소록도 자혜의원을 소록도 갱생원으로 확장, 운영한 장본인이다. 감금실과 감시실도 스오 마사스에 원장 주도하에 건립되었다. 환자들의 모금으로 비용(9천 원)을 마련하여 자신의 동상을 1940년 8월 20일 제막하였다. 또한 공원을 조성하고 강제 동원을 하였다. 1940년 9월 4일부

---

5) 공관식, ≪소록도와 731 부대≫, 당진문학 제100호, 2011, 123p

터 6일까지 일본, 만주의 대학과 연구소 병원의 인원이 참가한 제14회 일본나병 학술대회가 소록도에서 개최되었다.

이춘상은 1942년 6월 20일 8시 스오 마사스에 갱생원장이 환자들의 대열을 순시하던 중, 스오 마사스에 원장의 오른쪽 흉부를 칼로 찔렀다. "너는 환자들에 대해 너무 무리한 짓을 하므로 이 칼을 받아라."라고 외쳤다는 것이다. 스오 마사스에는 9시 30분에 과다 출혈로 사망하였다. 그리고 이춘상은 1943년 2월 19일 대구형무소에서 사형이 집행되었다.

당시 일본인 판사의 공판 기록을 보면, "이춘상은, 요양소 갱생원 환자 징계 검속 규정에 따라 마련된 감시실을, '환자를 살해하기 위한 설비이며, 법률에 따르지 않고 환자를 살해하고 있다.'라는 등 원 당국의 재원 환자에 대한 처우에 관하여 갖가지 편견, 오해를 갖기에 이르렀으며…"라고 기술되어 있다.

공관식(2011)에 의하면, "역으로 해석하면, 감시실은 환자를 감금하는 것이 아닌 살해(실험)하기 위해 만든 설비임을 우회적으로 증명한다.[6]"라고 기술하였다. 그리고 다른 증언자인 박형우, 김기현에 의하면, 성격이 온순했다고 증언하였다.

이렇게 공관식의 기록에 의한 두 가지 사건으로, 관동군 사령관 미나미 지로의 소록도 방문, 1935년의 감금실과 감시실의 설치, 사망환

---

6) 공관식, ≪소록도와 731 부대≫, 당진문학 제 100호, 2011, 128p

자의 급증 등으로 731 부대와의 관련성을 주장하고 있다. 이러한 주장은 2005년 하얼빈시에서 개최된 '제1회 일본군 제731 부대에 대한 국제학술대회'에 소개되었다.

하얼빈은 안중근 의사의 하얼빈 의거 장소이다. 대한제국을 침탈한 일본의 군국주의 상징적 인물인 이토 히로부미를 주살하여 대한 독립을 전 세계에 알리고, 동양 평화를 위해 순국한 사상가의 역사가 있는 곳이다. 스오 마사스에 사망과 이춘상의 저격을 이토 히로부미와 안중근에 비교하여 소개한 글이 있다. 일본 나가시마 미츠다(光田) 애생원장의 글이다. 공관식(2011) 글의 말미에 소개하고 있다.

"아마도 세계 제일의 나요양설비라 하더라도 결코 과언은 아닐 것이다. 이 모두가 스오 마사스에 원장의 피와 땀의 결정이다. 이토(伊藤博文)공이 조선인을 위해 열심히 노력했으나 결국은 '하르빈' 역에서 무지한 흉한 안중근에게 쓰러졌다. 스오 마사스에 원장도 조선의 동포를 선처하기 위해 온신의 노력을 아끼지 않았지만 결국 원장의 사랑 정신을 이해하지 못한 일개 흉한으로 인하여 목숨을 빼앗겼다. 진실로 애석하기 짝이 없는 일이다.[7]"

이춘상의 저격을 안중근의 하얼빈 의거와 동일시하고 있다. 특히 안중근의 이토 히로부미 주살을 일본 아세아 대학 교수인 나카노 야스오(中野泰雄)는 ≪일본의 지성이 본 안중근≫에서 "쏜 자 보다 죽은 자

---

7) 공관식, ≪소록도와 731 부대≫, 당진문학 제100호, 2011, 129p

에게 죄가 있다." 그리고 이토 히로부미 주살은 한일병합을 가속화시켰다는 오류를 척결한 통렬한 반성으로 기록한 책이다. 731 부대에서 자행한 만행, 소록도에서 자행한 감금도 일본에서는 여전히 자기 합리화만을 하고 있다.

다음은 2020년 가을 역사문제 연구소에서 발행한 ≪역사비평132≫에 수록된, 〈731 부대 관련 조선 관계 자료와 연구 주제 검토〉를 중심으로 기술한다.

731 부대가 조선에 건립 예정이었던 계획이 있었다.

〈소련군 침공에서 복원까지(ソ連軍侵攻から復員まで)〉의 와다 쥬로(和田十郎)의 편집에 의하면[8], 북한의 강계(江界)가 "소련이 만주 침공 시, 관동국 작전 방침이 북만주 포기 남만주 확보로 변경되었을 시점에서 관동군 사령부로부터 관동군 방역급수부 하얼빈 본부를 이주할 예정지로서 명령이 내려졌던 토지"라고 기술하고 있다. 강계의 '광산 발굴터'가 '우리 부대의 새로운 근거지가 될 것'이라고 하였다. 놀라운 일이다. 한반도에 731 부대 본부가 설립될 뻔했다. 하지만, 관동군 방역급수부 하얼빈 본부 이전 계획은 1945년 8월 9일 소련의 전쟁 참여로 실현되지 못했다.

---

8) ≪불타는 핑팡, 平房燃ゆ≫는 와다 쥬로가 편집하여, 1995. 11 〈소련군침공에서 복원까지: 일본 육군 최초와 최후의 복원 관동군방역급수본부(731 부대) 대원의 기록, 일본 육군 유일의 세균부대 731 부대의 기록 〈蘇聯軍進攻から復員まで:日本陸軍最初と最後の復員 關東軍防疫給水本部(731部隊)隊員の記錄 〉의 한 부분이다.

강계는 압록강 중류에 있는 지역으로, 4개의 강이 합류하는 지점에 있다. 만포선과 강계선이 연결되는 교통의 중심지로 울창한 산림이 있다. 현재 북한의 평안북도(자강도)에 속한다. 1950년 한국전쟁 당시 조선인민군이 평양에서 후퇴하면서 강계를 임시 수도로 사용하였다. 군사적으로 중요한 지정학적 위치를 지닌 지역이다.

효고현의 미조부치 도시미가 1995년에 쓴 ≪불타는 핑팡≫에 의하면, 731 부대는 패전 후 일본으로 갔다. 당시 731 부대 퇴각 시에 강계를 거쳐서 갔다.

다음은, 경성제국대학(현 서울대 전신) 의학부 출신으로 이시이 시로와 함께 모노에 도시오(物江敏夫)를 주목한다. 모노에 도시오는 1934년 경성제국 대학 졸업 후 육군군의학교에 입학, 1940년에 육군군의학교 방역연구실에 입실해 말라리아 연구를 하였다. 1945년 9월 경성제국 대학에서 〈말라리아에 관한 연구〉로 박사학위를 받았다.

1940년부터 모노에 도시오가 근무한 육군군의학교 방역연구실은, 이시이 시로가 1932년 육군군의학교 방역연구실험실에 배속되어 있었던 곳이다. 하얼빈시 핑팡 731 부대 건설 감독 책임을 수행하였다. 그는 매년 아홉 달은 하얼빈 핑팡에 거주했고, 석 달은 도쿄에 거주하였다. 기간 중 731 부대 신청 경비, 인원 모집을 하면서 731 부대 군의이자 방역연구실험실 의사로 겸직했던 기관이다.

방역연구실은 1940년경부터 일본 육군 내부에서 방역연구실과 731 부대를 포함한 5개 방역급수부를 통칭했던 명칭으로 '이시이 기관'이다. 1940년 주임 및 지도 교관으로 이시이 시로(당시 소장)와 연구자 모노에 도시오는 16편의 논문을 발표한다. 대표적인 논문으로 ≪육군방역학교 방역연구보고≫에 실린 2편의 논문을 소개하면 다음과 같다.

1941년 11월 10일 〈육군 군의학교 약학교실 창제 말라리아 치료제 약, 1, 2, 3호 효력 실험, 陸軍軍醫學校藥學校室創製マラリァノ治療劑藥一, 藥二,藥三號效力實驗〉으로 극비도장이 직인되어 있다. 1942년 2월 10일, 〈사일열 말라리아의 인체 감염실험, 四日熱マラリァ人體感染實驗〉로 극비도장이 직인되어 있다. 또한 1942년부터 1943년까지 남지(南支) 방역급수부에 근무하였다.9) 이는 731 부대 자매부대였다.

모노에 도시오의 경력은 이시이 시로의 지도 교관을 넘어 실제 부하로서의 역할을 한 것이다. 조선의 경성제국대학 출신이 731 부대에서 부역한 직접적인 증거라고 할 수 있다. 이는 731 부대 인적 구성 공급 역할을 의미한다.

다음은 한국전쟁 당시 미군 세균전 살포 의심 관련 자료에 대해 기술한다.

1952년 북경에서 발간한, ≪조선과 중국에서 세균전 사실에 대한 조사: 국제 과학위원회 보고서와 부록, 調查在朝鮮和中國的細菌戰事實:國際科學委員會報告書及附錄≫의 머리말에 의하면, 1952년 초 조선 북부와 중국 동북에서 비일상적인 현상이 발생하였다. 양국 국민과 정부는 세

---

9) 하세가와 사오리, 최규진, ≪역사비평 132호: 731 부대 관련 조선 관계 자료와 연구 주제 검토≫, 2020년 가을, 역사문제 연구소, 19~32pp

균전을 예상하였으며, 국제과학위원회를 구성하여 현장조사를 하였다. 1952년 2월 22일 한국전쟁 시기 미군이 정식으로 세균전을 진행했다고 북한과 중국의 외무성이 이야기했다. 같은 해 2월 25일 중국 보위 세계평화 위원회 곽말약 박사는 세계평화 이사회에 공소를 제기하였다. 그리고 같은 해 6월 21일과 28일에, 스위스, 프랑스, 영국, 이탈리아, 브라질, 학자로 구성된 국제 과학위원회가 북경에 왔다.

1952년 초 미군이 조선과 중국 동북에서 세균전 구상 전에, 이시이 시로가 남조선(남한)에 두 번, 그리고 4월에 또 한 번 다녀갔음을 신문에서 찾았다. SIA4 보고에 의하면, 1952년 초 조선의 북부에 페스트가 발생하였다. 미군 비행기에 의하여, 안주군 부근의 벼룩 투하로인해 발생한 것으로 조사 보고하였다. 또한 평안남도 강서군에 페스트 발생을 보고하는 관련된 현존 문건도 있다.

서울방송(SBS) 보도에 따르면, 미군이 2차 세계대전에 731 부대로부터 세균 무기 개발과 사용 방법을 배워 한국전쟁에 사용했다는 보고서를 공개했다. 미국 심리학자 제프리 카이가 영국의 유명생화학자였던 조지프 니덤이, 1952년 작성한 '한국과 중국에서 세균전에 관한 국제 과학위원회 조사 보고서'를 공개했다. 즉 '니덤 보고서: Incidents in Korea'라고 한다. 1945년 일제로부터 항복을 받아내 미군정이 당시 인체실험을 자행한 이시이 시로 731 부대장과 공범들을 사면했다.

이시이는 1952년 초 한국과 중국 동북부에서 세균전이 있었다는 혐의를 받기에 앞서, 두 차례 방한했었다. 1952년 3월에 실행했고, 세균전을 어떻게 구사할 것인가에 대한 미군 조종사 전쟁 포로들의 브리핑

을 받았다는 진술이 포함되어 있다고 밝혔다.10)

또한 731 부대에 의한 직접적인 조선인 인체실험자에 대해서는 4장에 자세히 기록하였다. 2001년 중국 지린성과 헤이룽장성 당안관에서 '특이급' 문서의 발견으로 한창진, 전성서, 한성진, 이기수, 4명과 심득룡 등의 조선인 5명이 희생된 기록이다.

한국에서 731 부대 관련 내용 소개는 다음과 같다. 서적으로는, 김재명(2024) ≪일본의 전쟁범죄: '위안부'부터 731 부대까지, 역사 전쟁의 진실≫, 김창권(2014)≪일본 관동군 731 부대를 고발한다≫, 정현웅(2014) ≪731 마루타 1~5 장편소설≫, 안철효(2014) ≪731 부대의 후예들≫, 건강미디어(2014) ≪731 부대와 의사들: 전쟁과 의료윤리≫, 박성효(2016) ≪731:장편소설≫, 방송에서도 2016년 1월 JTBC에서 다큐멘터리로 소개되었다. 광복 70주년에 맞추어, 2014년부터 2016년에 집중적으로 소개되었다.

진청민(2008)에 의하면, 한국인의 731 부대 근무 존재를 기록하고 있다. 1989년 7월 21일 〈중앙일보〉에 ≪중국에서의 또 하나의 일본 세균부대≫라는 기록이 있었다. 이는 지난 방역급수부에서 통역을 했던 최형진(崔亨振)의 기고이다.

'일본 페스트 등의 각종 병균을 중국 포로에게 주사하고 발병의 전반적인 과정을 관찰하였다. 실험 재료는 중국 포로와 한국 유랑민이었는데 약 1,000

---

10) SBS. 2015. 1.27.보도

명 정도 되었다. 실험 재료가 부족할 때는 부근의 마을에 가서 아무 사람이나 잡아갔는데 어린아이도 예외가 아니었다고 한다. (중략) 이 세균 부대는 평균 3개월에 한 번씩 인체실험을 진행하였는데 그때마다 약 100여 명의 포로가 살해되었다. 평균 1년에 500명의 포로를 살해하였다. 최형진은 자기가 그 부대에 있는 동안 살해된 포로는 약 1,000명이 된다고 하였다.'11)12)

제1855베이징 부대 지난 세균실험장에서 인체실험을 한 부대이다.

---

11) 1989年7月21日, 曾在济南支部当中文翻译的韩国人崔亨振在韩国《中央日报》上发表的 《日军在中国的第二支细菌部队》一文揭露, 该部队是用人体实验疫苗的部队。他们把鼠疫等各种病菌注射到中国俘虏身上, 然后观察整个发病过程。"实验材料"是中国俘虏和韩国流浪民, 有1 000多人。实验对象不足时, 日本军医就到附近村庄随便抓人, 连小孩也不放过。这支穿白大褂的细菌部队驻地用双重铁丝网围着, 日本军医给实验对象注射鼠疫菌, 有10多个人, 在恶寒和高烧中死去。他第一次看到人体实验, 是对10名俘虏注射天花病菌。被实验者全身出现了天花, 声嘶力竭地喊着"救救我！"他们在痛苦中死去, 被烧成了灰。日本军医还强迫俘虏们吃含有伤寒菌的饭团子。从俘虏身上收集虱子, 再把虱子带的斑疹伤寒病菌注射到俘虏们身上, 使他们染疫而死。为了研究中国大陆地方病, 日本军医还从狗粪中提取细菌, 经过培养后, 把细菌掺进饭团内让俘虏们吃。济南支部还在附近的一个50多户300多人的村子里进行霍乱菌实验。日本军医把沾有霍乱菌的猪肉等狗食撒在村子里, 经过15天左右, 该村霍乱流行, 死了20多人。随后, 日本军医抓来患者进行实验, 观察防疫和治疗过程。这支细菌战部队平均每3个月进行一次人体实验, 每次要死100多名俘虏, 因此一年要杀死400到500名俘虏。他在这个部队服役期间, 死亡的俘虏有1000人。

12) 郭成周, 廖应昌, 《侵华日军细菌战纪实》, 北京燕山出版社, 1997年, 243P

제4부
관리(管理)

제12장
현장 보호와 사료는 관리의 핵심

731 진열관의 관리는, 731 부대 유적지 및 관련 문물의 보호 관리, 수장, 연구, 홍보 및 교육의 기능을 한다.

한샤오(韓曉)는 ≪중국 침략 일본군의 세균전 범죄에 관한 연구 关于侵华日军细菌战罪行的研究≫에 의하면, 731 부대의 범죄 증거 보호와 관련해서는 크게 세 단계로 나눠진다.[1]

첫 번째 단계는 소련이 '전 일본 육군 군인의 세균 무기 준비 및 사용으로 기소된 사건 재판 자료'(약칭 '베리적 재판 자료')를 공개 출판한 직후인

▲ 731 부대 유적지 발굴 보고서

1950년 가을, 설립된 지 얼마 되지 않은 중화인민공화국 동북 인민 정부 위생부가 '하얼빈의 핑팡, 창춘의 멍자툰 일본 세균 공장 및 안다의 쥐자야오 특별 실험장 보호'에 관한 통지를 발표하였다. 핑팡의 원래

---

1) 진청민, ≪일본군 세균전≫, 청문각, 2008, 946~947pp

731 부대 유적지는 이미 폐허로 변했지만, 중심부의 잔해와 벽이 뚜렷하게 존재했고, 토기와 도자기의 세균 탄피가 산더미처럼 쌓여 있어 지방 정부는 이를 보호 계획에 포함하지 않았다. 당시 이곳은 중국의 신흥 항공 기지이기 때문에 새로 건설된 국영 122공장이 책임지고 있었으며, 사방루 유적지 주변에 철책선을 치고 '파괴해서는 안 된다.'라는 공고를 세워 전담 인력을 배치해 관리하였다.

두 번째 단계에서는 1958년 10월부터 1969년 10월까지 11년 동안 '대약진'과 '문화대혁명'이라는 두 번의 사회적 대변혁을 겪어, '731 부대' 유적지는 심각한 피해를 입었다. 직원과 주민들은 철거된 벽돌로 '731 부대' 유적지에 집을 지었고, 많은 단위가 유적지에 공장이나 사무실을 지었다. '대약진'을 위해 어떤 공장은 유적지에서 철근을 부수고, 원래 731 부대 동력반의 강철 빔 틀을 해체하여 강철을 제련했다. 문화대혁명 시기 민병과 학생 3,000명을 동원해 이용할 수 있는 지하 동굴을 찾기 위해 2m나 땅을 파고 남아 있는 벽을 평지화했을 뿐 아니라 유적지 지하 시설도 거의 파괴했다.

세 번째 단계는 1982년부터 '731 부대' 범죄 증거 유적 보호에 대한 초기 중시에서 심층 발전으로 나아가는 단계이다. 1982년 9월, 일본의 유명 작가 모리무라 세이이치는 731 부대의 범죄를 조사하기 위해 핑팡을 방문했다. 당시 731 부대 유적 관리 기관은 없었고, 하얼빈시 지방지 사무소가 주도하여 '3인 조사팀'을 조직하여 핑팡구와 하얼빈 시내에 남아 있는 731 부대 유적지를 조사했을 뿐만 아니라, 생존한 수십 명의 중국 노동자 산증인을 방문했다. 모리무라 세이이치는 하얼빈 핑팡의 전 일본군 731 부대 유적지와 창춘 멍자툰의 전 일본군 100부대 유적지를 조사한 후, 베이징에서 전 문화부 장관 샤옌을 만났다. 그는 유감스럽게도 731 부대 범죄 증거 유적지가 많이 남아 있지 않고, 지하 실험실만 남아 있다고 말했다. 모리무라 세이이치의 이 조사는 731 부대 유적지를 보호하는 데 큰 역할을 했다.

1982년 10월, 당시 중국 선전부장이었던 덩리췬(邓力群)은 문화부 1호 보도를 읽고, "일본 침략기의 만인갱, 난징대학살(지역), 하얼빈의 일본군 세균 공장 등을 중점 문화재 보호 단위로 보호해야 한다."라고 지시했다. 사실상 1982년부터 731 부대 유적지 보호는 시작되었다.

그 후 1982년 '하얼빈시 핑팡문물관리소'가 성립되었다. 1983년 3월 제731 부대 19곳이 성급문물보호단위로 공표되었고, '하얼빈 세균공장 죄증전람관'이 세워졌다. 731 부대 진열관 연구의 시작이자 전람 시설의 시작이다. 문물 보호를 위해 731 부대 유적지 분포 상황, 유적지에 대한 구분과 중점 보호 구역으로 나누었다. 집중 분포 지역은 핵심 지역 유적지와 초지대와 식수 지역을 구성한다. 그리고 주변 건축물과 격리 지역을 설정하였다. 1983년에는 34만 위안(국가 문물국 30만, 하얼빈시 정부 4만)을 들여 19지역을 보호·수리하였다. 2000년부터 헤이룽장성 정부와 하얼빈시 정부, 그리고 사회 후원액은 2,100만 인민폐에 이르렀다. 그리고 지하에 매립되어 있던 사방로 특별감옥 터를 발굴하였으며, 중앙통로, 본부대로 동측을 수리하였다.

▲ 2011년, 쑨우 731지부 유적지 조사

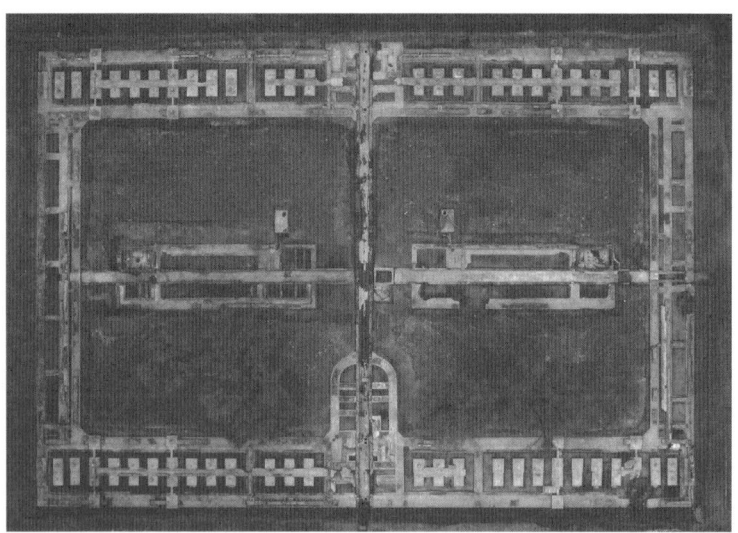

▲ 특별감옥(사방로) 헤이룽장성 고고발굴소 조사(2014년)

헤이룽장 정부는 2014년에 '731 부대 유적지 보호 계획'을 발표했으며, 하얼빈시 인민대표부는 2011년에 '731 부대 유적지 보호 조례'를 공포했다. 731 진열관은 23곳의 유적지에 대한 보호 전시 공사를 차례로 완료하고, 보호 공사 기술 방안을 조직하여 작성했으며, 대규모 고고학 정리를 완료했다. 주로 '역사 증인' 방문과 '문화재 사료 기록' 수집 두 가지 측면에 대한 조사 작업을 통해 이루어졌다.

중점 보호 구역은 세 곳과 외부 지역으로 형성된다.

제1 보호 구역은 731 부대 본부대로, 사방로 세균실험 및 특별감옥 기지, 지하실 통로, 병독실험실 기지, 남문 위병소, 본부반 결핵실 등 6곳의 유적지와 주위 구역을 포함하며 54,300㎡에 해당된다. 이는 731 부대 유적지의 주된 외부 관람 동선에 해당된다. 여름에는 관람차를 운행한다.

제2 보호 구역은 동상실험실, 소동물 지하 배양실, 황쥐 배양실 등 3곳의 유적지와 주위 구역에 해당된다. 면적은 9,410㎡이다. 주로 731 부대 유적지 아파트 뒷부분에 있기에 관람객들의 방문이 적다.

제3 보호 구역은 독가스 실험실, 지하 가스 저장실, 지하저수조, 동력반 난방 등 4곳의 유적지와 주위 지역으로 8,600㎡에 해당된다. 이곳은 731 진열관에 들어가면 가장 높은 2개의 기둥이 있어 난방 흔적의 연통이 보인다.

기타 보호 구역은 철도 전용선(원래 2곳, 하나는 철거됨), 세균탄조장비 저장실, 항공반, 곤충동물배양실, 병기반, 북쪽 시체소각장, 북저수지 시체소각장, 급수탑, 세균탄 제조공장, 청츠거우 야외실험장 등 10

여 곳의 유적지와 주위 10m 이내는 175,800m²이다. 전체적인 중점 보호 구역은 248,000m²로서 약 75,151평에 해당된다.

전술한 하드웨어를 제외하고도 사료 기록도 많다.

정보 자료실의 도서 자료실과 문물 보관실의 유물과 중요도서와 사료를 가지고 있다. 12,912건의 수장죄증문물, 8,000페이지의 미국 비밀 해제 731 부대 인체실험 보고 및 보고서, 1,576분의 피실험자 '특별 이송' 사료, 136명의 노동근로자의 증언, 1,615페이지의 16명 전범의 법정 기록 및 자백진술서, 423시간의 731 부대 전 대원의 증언 영상 자료, 3,497명의 731 부대원 사료, 27곳의 731 부대 현존 유적지 등이다.

731 진열관의 자료 수집 기관은 다음과 같다. 일본에서는 공공 기관으로 일본 국립공문서관이다. 민간 기구로는 일본 ABC 협회 제공, 일본의 여행객 증정(반핵반전 단체 등), 일본 기노쿠니아 서점, 진보초 서점에서 구매한다.(심판기록 등)

중국에서는 헤이룽장성 당안관, 지린성 당안관, 중국국가 당안관이고, 개인들의 진술과 증언에 기초하고 있다.

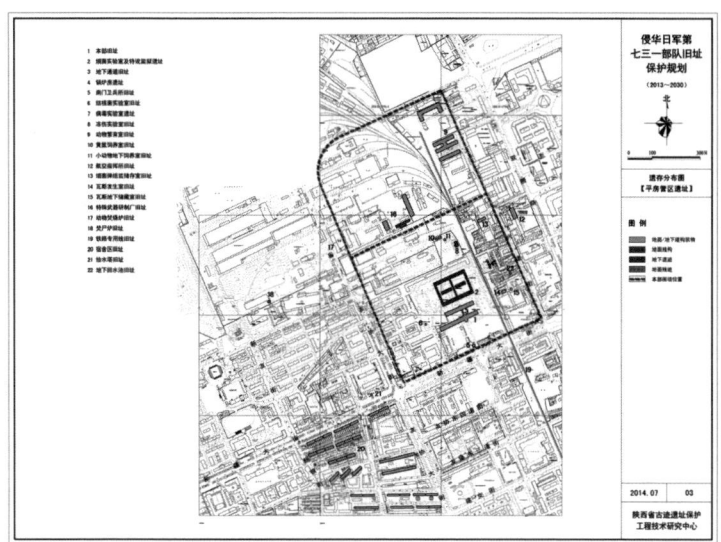

▲ 731 부대 유적지 보호 계획(2013~2030)

제13장
판도라의 희망을 지키는 사람들

"731 부대 유적지는 비록 하얼빈에 있지만 이것은 세계 인류의 공동 재산이다. 731 부대 유적지를 보호하는 것은 평화를 수호하려는 전 인류의 공동 책임이다." 1995년 8월 15일 731 진열관 신관 개막식에서 개관 기념식에 일본인 대표로 참석한 야마베 유키코 여사의 말이다.

평화의 수호자이자 인류의 공동 책임을 다하는 침화일군제731부대 죄증진열관 관리자들의 모토와 같다.

하얼빈은 1963년부터 겨울 축제인 빙설 축제가 개최되었다. 2023년에는 빙설 축제 기간 300만 명이 방문했다. 빙설 축제는 하얼빈의 대표적인 축제이다. 2023년 731 진열관을 찾아오는 방문객은 350만 명으로 집계되었다. 하얼빈의 대표 축제인 빙설 축제를 넘어 대표적인 관람지가 731 진열관이 되었다. 2024년 일 평균 1만 3천 명 정도가 찾아온다. 전국을 대표하는 진열관의 모습을 위하여 교육활동과 서비스 강화를 하고 있다. 또한 2025년은 하얼빈 동아시안 게임 개최로 아시아의 중심이 되었다. 아시아의 눈이 731 진열관으로 쏠렸다.

현재 731 진열관은 10년 또는 20년 심지어 30년 이상의 장기 근무자가 여러 명이 있다. 또한 731 부대가 소재한 핑팡에서 3대가 거주하고,

핑팡에서 태어나 자란 연구자도 상당수 있다. 이는 731 부대와 731 진열관을 삶의 중심에 두고 있다는 점이다.

▲ 731 진열관 전체 인원(사방로 현장 발굴 후)

그중 탄리(谭丽, 34세)라는 직원이 있다. 유적 보호부에 근무하는, 탄리는 핑팡에서 태어나고, 자라고, 현재 731 진열관에 근무한다. 17년째 근무하고 있다. 어려서 할아버지를 통해 731 부대에 대한 역사를 들었다. 핑팡구 알도고우 지역에 전해지는 이야기가 있다. "핑팡에서는 꼬리가 떨어진 쥐를 잡지 말라. 꼬리가 잘린 쥐는 실험한 동물이다. 쥐를 잡으면 감염될 수 있다." 이런 이야기를 어려서부터 듣고 자랐다고 했다. 그는 10대 후반에 731 진열관에서 근무를 시작했다. 무섭지 않은가 하는 질문에 이렇게 답했다.

"9시에 관람객이 들어온다. 관람객이 오기 전 2층 계단을 올라가서, 전등을 켜고 관람객을 맞이한다. 전등을 켜기 전에는 어두워서, 실물 전시물을 보면 조금 무서웠다. 당시는 실물 중심이었다. 지금은 전시물이 자료 중심으로 전시되어 그다지 무섭다는 생각은 들지 않는다. 그리고 핑팡에서 평생 살아오고, 살아갈 나는 이곳이 '평안과 행복'의 도시가 되길 바란다."라는 희망을 보였다.

사무실에 근무하다 보면, 사무실 문을 열고 들어오시는 어르신, 꼬마 관람객들도 다짜고짜 묻는다.
"화장실이 어디에요?"
"문밖으로 나가 왼쪽으로 돌아가서 좀 더 가다 보면 본부대로 출구 문으로 들어가 왼쪽이 바로 화장실입니다."
"참관 후 나가는 문은 어디인가요?"
"오른쪽으로 가면 광장이 나오고 광장을 쭉 따라가면 큰 출구 문이 나옵니다."
이어지는 질문에도 바쁜 내색 없이 볼펜을 내려놓고 답변해 준다. 하물며 자료실 밖에 나가서 손으로 방향을 가르쳐 준다. '서비스의 체질화일까?' 아마도 핑팡에서 태어나고 핑팡에서 731 진열관과 평생을 살아가야 할 그들의 숙명에 대한 책임을 실천하는 것이리라.

"시작은 무서웠으나, 지금은 무섭지 않다. 왜냐하면 습관이 돼서 그렇다. 이미 내용을 알고 있기 때문에 받아들였다."
왕위명(王宇萌) 731 진열관 직원의 말이다.

731 진열관은 세 개의 큰 기둥이 하늘을 향해 있고, 사각형의 사선형 모양이 신비함을 간직한 블랙박스 같은 모습이다. '일본의 판도라'라고 한다. 인간 세계에 질병, 재앙, 분노, 질투 등 만악(萬惡)의 근원들이 세상에 퍼짐을 '판도라의 상자'라고 관용적으로 쓰인다. 이는 일본이 죄증을 숨기려고, 역사의 진실에서 숨겨놓은 판도라인 세균전 부대를 세계에 알리는 거룩한 사명을 갖고 있다. 희망을 지키고 인류에게 시련이 닥쳐도 견디고 살아갈 수 있도록 위로해 준다. 731 진열관 직원의 역할이다.

# 제5부
미래(未來)

제14장
세계문화유산 등록을 위해

1982년 핑팡 문화유적 관리소를 설립한 후, 731 진열관은 체계적인 연구와 사료 수집, 현장 보전을 수행하였다. 중국 내 역할을 넘어 세계에 알리는 역할에 세계문화유산 등록이 중요함을 알게 되었다.

▲ 국가문물국 731 부대 유적지 보호 좌담회

2002년, 731 부대 세계유산 등재 작업이 체계적인 계획 단계에 들어갔다. 그해 12월, 중국 도시 계획 설계 연구원 전문가는 731 부대 유적 보호를 위해 상세한 계획과 설계를 진행했으며, 이후 이를 보완하고 완성했다. 전문가 설계 계획에 따르면, 731 부대 유적지는 세계 전쟁 유적 공원으로 개조될 예정이었다. 2006년 ≪731 부대 유적지 세계유산 신청 연구에 관하여≫의 전문 보고서를 진청민 관장은 작성하였고, 중국의 유수 신문에 기고하였다. 여론의 관심이 필요했다. '국가 문물국 보호 침화일군 제731 부대 유적지 업무 좌담회'를 개최하여, 중국 정부 차원의 채널을 도모하였다. 2012년 '중국 세계문화유산 예비명단(中国世界文化遗产预备名单)'에 선정되었다.

    2011년 7월 9일, '사죄와 전쟁 없는 평화의 비' 제막식이 열렸다. 일본, 피해자 가족 등 80여 명이 참가하였다. 제막식 상에는 세계문화유산의 일본대표단 구성원인 다나카 칸(田中 寬) 선생은 기자와의 인터뷰에서 말했다. "내가 처음 731 부대 유적지 온 것은 15년 전이다. 그때 731 부대의 죄행을 알았다. 당시 유적지 앞에 서서, 중국을 침략한 일본의 범죄에 깜짝 놀랐다. 그 후 나는 중·일 우호 조직에 가입하였고 유적지 보존을 위해 미력한 힘을 보태기 위하여 노력했다. 모두의 노력으로, 오늘 제막식을 거행하였다. 그래서 무엇보다 기쁘며, 중대한 의의를 갖는다. 731 부대는 우선, 세균전 부대로서 진행한 인체실험과 세균전은 엄중한 국제법적 전쟁행위를 위반하였다. 일본은 1980년대부터 731 부대 조사 연구를 진행하여, 피해자의 실제 상황도 조사하였다. 그 후 1990년대 말 세균전 피해자는 법정에 소송을 제기함으로써

731 부대의 생물전 부대로서의 범죄행위를 증명했다."

다나카 칸 선생은 말미에, 731 부대 유적지를 세계문화유산으로 신청할 것을 제안하였다. 첫째는 731 부대의 유적지 보호와 보존, 인류의 준엄한 역사인 동시에 전쟁에 의한 상처를 잊지 말고, 전쟁을 억제하자는 뜻이다. 둘째는 731 부대의 세균전 사실을 전시하여, 전쟁의 잔혹성을 이해하고, 평화 이념을 제고한다는 뜻이다. 셋째는 731 부대 유적지 보호 활동을 통하여, 역사의 뼈아픈 교훈으로 삼아, 중·일 평화의 중요성을 후대에 전해야 한다는 것이다. 마지막으로 731 부대 유적지는 세계 평화교육의 기지로 지정되어야 한다고 했다.

731 부대 유적지는 중국 것이기도 하지만 또한 세계의 유적이다. 이 유적지 보호를 위하여 전 세계에 그 사정을 알려야 했다. 세계문화 유적지로서 731 부대의 가치와 평가는 다음과 같다.

731 부대 유적지는 현재 세계에서 유일무이하고, 규모가 가장 큰 세균무기 연구와 실험, 제조의 목적으로 진행한 인류에 유해한 자연환경인 세균전쟁의 기지이다.

또한, 일본 군국주의 지도하에 국제공약을 위반하였고, 의학 과학 연구에 따른 인류의 가르침을 위반하였다. 즉 살아 있는 인간을 활용한 동상실험, 세균감염, 위생방역 등, 실험 수단이 잔인하고 인간의 본성을 망각하였다. 이는 인류문명 발전 진행 중 최악의 야만적인 역사이다. 따라서 731 부대 유적지를 세계유산에 신청하여 하얼빈 시민들의 인류 평화에 대한 중대한 공헌을 해야 한다.

문화유산은 인류의 창의성과 문화적 중요성을 지닌 유산으로, 역사적 건축물, 고고학 유적, 문화경관, 종교 유적이다. 유네스코 세계 문화유산(UNESCO World Heritage) 등재 기준은 탁월한 보편적 가치(Outstanding Universal Value; OUV), 진정성(Authenticity), 완전성(Integrity)의 세 가지를 의미한다.

'탁월한 보편적 가치'란 국경을 초월할 만큼 독보적이며, 현재와 미래세대의 전 인류에게 공통으로 중요한 문화 및 자연적 중요성을 의미한다.(Outstanding Universal Value means cultural and/or natural significance which is so exceptional as to transcend national boundaries and to be of common importance for present and future generations of all humanity.) 그리고 '진정성'의 세부 조건인 정신과 감정(spirit and feeling), '완전성'의 세부 조건인, 유산의 중요성을 전달하는 특징과 과정을 완전하게 나타낼 만한 적정한 규모(adequate size to ensure the complete representation of the features and processes which convey the property's significance), 개발 및 방치로 인한 부정적 영향의 정도(adverse effects of development and/or neglect)이다.

전술한 조건으로 볼 때 731 부대 유적지는 '탁월한 보편적 가치', '진정성', '완전성' 모두 부합되는 역사적인 내용으로서, 인류의 보편적 가치인 인권과 자유, 평화를 염원하는 상징적 건축물이다. 따라서 세계문화유산으로 지정되어 세계가 아픈 역사를 반복하지 않도록 평화의 성지가 되어야 한다.

제15장
역사 화해는 가능한가?

일본에서 최초 사법부 판결이 있다. 2002년 8월 27일 도쿄 지방법원에서 처음으로 731 부대 존재와 일부 범죄사실을 인정하였다. 1심 판결은 731 부대가 인체실험, 무기개발, 중국 실전 사용, 일반 시민 학살을 인정했다. 페스트는 지역사회 붕괴와 환경을 장기간 오염시킨 질병이라고 판결했다.[1]

제1심 판결은 일본에서 크게 소개되었다. 2002년 8월 29일자 〈아사히신문〉은 '눈을 돌린다고 될 문제인가'라는 제목으로 '(일본)정부는 신속히 731 부대의 활동 실태를 조사하고 자료를 공개해야 한다. 국회가 독자적으로 조사에 나서는 것도 좋다. (중략) 사실과 책임의 소재를 스스로의 힘으로 밝혀 배상을 요구하는 사람들에게 어떤 구제 조치가 가능한지 생각하는 것이 정상적인 국가의 모습이다. 과거를 직시했을 때 비로소 미래가 보인다. 지금 일본이라는 국가 자체가 도마 위에 올랐다.'라고 기술하였다. 일본 정부의 책임회피나 방치보다는 적극적으로 책임지고 조사하도록 지적하였다. 정부의 역할을 주문한 사법

---

1) 역사비평 132, 《731 부대와 세균전 연구의 성과와 과제 – 국가배상청구 소송을 중심으로》, 역사문제 연구소, 2020 가을

부의 판결에 용기를 보낸다. 이러한 노력은 이전의 명망인들로부터 시작된 것이다.

1994년 노벨 문학상을 수상한 오에 겐자부로(大江健三郎, 1935~2023)는 노벨 문학상 연설 〈애매모호한 일본의 나〉에서 다음과 같이 입을 열었다.

"만일 가능하다면, 저는 예이츠의 역할을 배우고 싶습니다. 현재 문학이나 철학으로가 아니라 전자공학이나 자동차 생산 기술에 의존해 그 힘을 세계에 알리는 우리나라(일본)의 문명을 위해서, 또한 가까운 과거에 그 파괴를 향한 광신이 국내와 주변국 사람들의 이성을 짓밟은 역사를 가진 나라의 구성원으로서, (중략) 개국 이후 백이십 년의 근대화를 거친 현재의 일본은 근본적으로 애매모호함의 양극으로 분열되어 있습니다. 그 애매모호함에 의한 깊은 상흔을 지닌 소설가로서 저는 살아가는 것입니다. 국가도 사람도 갈라놓을 정도로 강력하고 날카로운 이 애매모호함은 일본과 일본인에게 여러 형태로 표면화되어 있습니다. 일본의 근대화는 오로지 서구를 배우자는 방향으로 추진되어 왔습니다. 그러나 일본은 아시아에 위치해 있고, 또 일본인은 전통문화를 확고하게 지켜왔습니다. 이 애매모호한 진행은 아시아에서 침략자의 역할을 하도록 그들을 내몰았습니다. (중략) 모럴을 내포한 개인과 사회는 순수하고 흠집 없는 상태가 아닌 아시아의 침략자라는 낙인으로 얼룩진 상태였습니다. 또한 인류에게 가해진 최초의 핵 공격으로 인한 히로시마와 나가사키의 사망자들, 방사능 장애를 입고 살아가는 생존자와 그 2세들이 우리의 모럴에 문제 제기를 하고 있습니다."[2]

오에 겐자브로는, 오늘날 인류가 처한 곤경을 당혹스럽게 묘사하는 방식으로 삶과 신화가 응축된 상상의 세계를 강력한 시적 언어로 창조한 작가라고, 스웨덴 노벨 위원회로부터 평가받았다. 1994년 12월 연설한 내용은 '일본이 아시아인에게 큰 잘못을 저지른 것은 명백한 사실'이라고 했다.

전 세계인들이 관심을 갖고 있던 자리에서 당시 일본의 최고 지성이었던 오에 겐자브로의 연설은 역사 화해를 위한 문을 열었다. 오에 겐자브로는 일본 정부가 문화훈장과 문화공로상을 수여하기로 했지만, "나는 전후 민주주의자로서, 민주주의 이상의 권위와 가치관을 인정하지 않는다."라며 수상을 거부했다. 문학가의 반성은 정치가의 역사 화해로 이어졌다.

당시 일본 현직 총리로서 무라야마 도미이치(村山富市) 총리는, 일본의 전후 50주년 종전기념일(1995년 8월 15일)에 담화를 발표하고 처음으로 사과했다.

"우리나라(일본)는 멀지 않은 과거의 한 시기, 국가 정책을 그르치고 전쟁의 길로 나가 국민을 존망의 위기에 빠뜨렸다. 식민지 지배와 침략으로 많은 나라, 특히 아시아 제국의 여러분들에게 많은 손해와 고통을 줬다. 다시 한번 통절한 반성의 뜻을 표하며 진심으로 사죄의 마음을 표한다. 이 역사로 인한 내외의 모든 희생자 여러분께 애도의 뜻을 바친다."

---

2) 이영구외 옮김, ≪아버지의 여행가방: 노벨문학상 수상 연설집≫, 문학 동네, 2009년, 2021년 1판 6쇄, 218p~218p

이는 일본의 식민지 지배와 침략으로 아시아의 고통을 의심할 여지 없는 역사적 사실을 겸허하게 받아들여 통절한 반성의 뜻을 표하고 있다고 평가받고 있다. 발표자인 무라야마 총리의 이름을 담아 '무라야마 담화'라고 한다. 외교적으로 일본의 식민 지배를 인정하고, 적극적으로 사죄하였다.

또 다른 일본 정치인이 꿇은 무릎은 다른 울림을 줬다.
"일본의 전 총리로서, 한 일본인으로서, 한 인간으로서 진심으로 사죄합니다." 2015년 8월 12일 서울 서대문형무소를 찾은 하토야마 유키오(鳩山由紀夫) 일본 전 총리는 한 시간 가까이 머물며 신발을 벗고 큰절을 올렸다. 11차례 고개를 숙였다. 그는 지금도 "피해자가 그만하면 됐다고 할 때까지 더 사과해야 한다고 말했다. 하토야마 유키오는 2009년 8월 11일에 외신기자 앞에서 무라야마 담화를 실제로 계승하겠다고 밝혔다. 아울러 A급 전범이 합사된 야스쿠니 신사를 대체할 '국립추도시설'을 짓겠다고 말했다.

두 명의 총리가 했던 적극적인 사과였다. 역사 화해의 마중물이다. 일본의 이어지는 총리들은 원칙적으로 '무라야마 담화'를 계승한다고 표면적으로 표방했다.

일본에서 40년간 거주하며, 쓰쿠바 대학 국제정치 경제학 교수를 역임한 태가트 머피(R. Taggart. Murphy)는 ≪인간의 굴레≫3)에서 '일본

---

3) 태가트 머피 지음, 윤영수 박경환 역, ≪일본의 굴레:Japan and the shackles of the past≫, 글항아리, 2021

은 원죄를 갖고 있다.' 스스로 아시아에서 분리하려 했다는 점을 지적했다. 일본의 미래를 생각하면 '일본이 다시 아시아의 구성원이 될 수 있는가?'라며 중요한 질문을 하고 있다.

731 부대 유적지에는 일본 민간 협회의 '사죄비'가 세워져 있다. '사죄와 전쟁 없는 평화를 맹세하나이다.'라는 내용이다. 그리고 표지석 밑에는 다음 내용이 있다.

'침화일군 제731 부대는 세계역사상 전례가 없는 국가급 범행을 중국에 범하였다. 우리들은 가해국의 시민으로서 이러한 침해에 대항한 항일전사와 국민들, 무한한 중국 국민과 유족에 진심으로 사죄한다. 우리들은 비석을 세워 맹세한다. 이러한 역사를 후대에 경계하고, 영원히 동일한 범죄행위를 범하지 말아야 한다.' - 2010년 8월 15일 일본 ABC 기획위원회

▲ 731 부대대원 筱冢良雄与松本正一의 731 진열관에서의 사죄

ABC 기획위원회는 '핵무기, 생물, 화학무기'의 약자 이니셜 ABC를 딴 것이다. 본 단체는 일본 패전 65년을 맞이하여, 1995년에 설립된 일본 민간 반전평화우호단체이다. 장기적으로 '핵무기, 생물무기, 화학무기 반대'의 사회활동을 하고 있다. 731 진열관 방문과 자료 협조 특히, 일본 내 731 부대 순환 전시 진행 노력을 병기하였다.

▲ 사죄비

731 부대 전(前) 대원의 사죄가 있었다. 731 부대 대원은 인체실험과 세균전의 시행자(가해자)이자, 역사의 증인이다. 그들의 역사적 용기가 있었다.

전 대원인 이시바시 나오카타(石桥直方)는 감옥의 감리를 담당하며, 생체 해부를 직접 본 적이 있으며, 닝버(寧波) 세균전에 참여한 경력이 있다. 1987년 6월, 이시바시 나오카타는 731 진열관을 찾아와서 731 부대 특별감옥의 구조를 스케치했으며 참회서를 남겼다.

▲ 731 부대 병리반 이시바시 나오카타

> 五十年近い年月の間 胸に抱き続けていた
> 謝罪と悔恨の思いを今日現すことが出来た
> 元隊員であることの身分を明らかにしての訪問は
> 余りにも心の重いことであったが 私は私なりに
> ひとつの区切りをつけたかった 合掌
> 1987.6.15
> 元七三一部隊々員 石橋直方 66才

731特别班队员石桥直方的忏悔书

译文:
"在近50年的岁月里，我心中一直抱着一种谢罪和悔恨的心情，今天终于表达出来了。在表明了我是（731部队）原队员身份之后来访问这里，心情是沉重的。但是，我终于给我自己划上了一个句号"。
合掌
原731部队队员
石桥直方 （66岁）

▲ 1987년 6월 15일, 이시바시 나오카타의 참회의 글

제5부 미래(未來) 195

쿠루미자와 마사쿠니(胡桃澤正邦)는 731 부대의 인체 해부 기사로서 마루타를 직접 해부했다. 쿠루미자와 마사쿠니는 당시 사용 수술기구를 죄증으로 기증하였다.

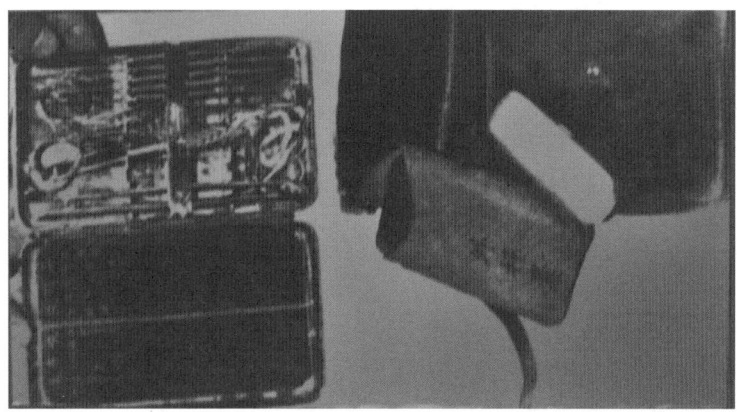

▲ 쿠루미자와 마사쿠니가 사용한 수술기구

코시 사다오(越定男)는 이시이 시로의 운전기사였다. 코시 사다오 증언에 의하면, 731 부대는 매일 지린가(吉林街) 연락 거점으로부터 마루타를 운송했다고 증언했다. '특별 죄수 압송 차량마다 번호판 10개가 배치돼 있으며 사람들의 이목을 속이기 위해 출입할 때마다 차량 번호판을 바꾸었다고 한다. 다음은 코시 사다오가 그린 '특별 죄수 압송 차량' 모양의 도면이다.

▲ 코시 사다오가 그린 특별이송차의 모습

▲ 731 부대 운송반 기사 스즈키

731 부대가 패배하여 도망갈 때 마루타 시체를 쑹화강(松花江)에 던져 버렸다. 스즈키는 운송반의 반원으로서 운송 임무를 담당했다. 1985년, 스즈키는 당시 시체를 던졌던 곳에 찾아와 참회했다.

1995년 하얼빈에서 좌담회를 개최했다. 피실험자 왕야오쉬안(王耀軒) 아들인 왕이삥(王亦兵)도 참석했다. 가해자 미오 유타카(三尾豊)[4]는 좌담회에 참석했다. 미오 유타카는 왕이삥(王亦兵)에게 직접 사죄했다.

"제가 다롄(大連) 헌병대 상사로 있을 때, 직접 톈진(天津)에 가서 어르신과 형을 체포했습니다. 저의 죄행으로 인해 당신 두 집안에 중대한 재난을 입게 했습니다. 저는 죄를 지었습니다. 저는 당신에게 또한 당신 온 가족에게 사죄합니다. 저는 어르신을 심문할 때 잔혹한 형벌을 사용했을 뿐만 아니라 더욱 심각한 것은 그들을 731 부대로 보냈습니다. 저는 용서할 수 없는 죄를 지었습니다. 저는 일본 세균전의 악마인 이시이 시로와 같은 심각한 죄를 지었습니다. 다시 한번 당신들에게 그리고 중국의 모든 피해자 가족에게 사죄합니다. 저는 평생 사죄하는 마음으로 살 것입니다. 저는 일본 국내에서 일본이 중국을 침략했던 그 기간의 죄행을 폭로할 것이며 왕선생님의 소송을 위해 법정에 증인으로 나서겠습니다."

그후 미오 유타카는 실제로 왕이삥의 대일 소송 때 증인으로 나섰다.

---

4) 미오 유타카, 1913년 11월 1일 일본 기후현 출신, 1934년 4월 다롄 헌병대 전무과 외근조장으로 근무했다. 1943년 10월 1일 헤이스죠 싱야(黑石礁興) 사진관에서 선더룽(심득룡 조선인), 양야오쉬안 등 4명을 체포했다. 여러 차례 사죄를 했다.

▲ 전 다롄 헌병대 대장 미오 유타카가 특별이송피해자(王耀軒)의 아들에게(王亦兵) 사죄

731 부대 전 대원의 용기 있는 증언은 일본이 영원히 묻어두고 싶었던 진실을 참회의 마음으로 고백하였다. 역사의 진상은 가해자의 증언과 참회로 밝혀졌다.

'731 부대 유적지는 전 세계 유적지의 기억 속에서 하나의 도시(하얼빈), 국가(중국)의 기억으로 남겨지기보다는 전 세계인이 모두가 화합하는 기억의 장소, 전 인류의 기억의 장소가 되길 희망한다고 힘주어 말한다.' 731 부대 유적지 발굴, 개척, 도약, 확대시킨 35년 관장의 염원이다. 진청민 관장은 《일본군 세균전》 서문에서 '필자가 심각한 어려움을 겪고 있을 때 외국 몇몇 대학에서 좋은 조건으로 초빙을 제의받은 적도 있었지만 모두 거절하였다. 그것은 731 부대를 계속 연구하자면 하얼빈에 남아 있어야 하고, 또 자신에게 그렇게 할 책임이 있

ないというイラダチ、これがあると私は受け取っています。江沢民さんがそう言ったというわけではありません。何も江沢民さんが言わないでいるのは、いろいろ政策上の問題があるからでしょう。私の近くにいる中国人の友だち、この人たちは、私にそういう風な意味のことを言ってくれています。毒ガスのことについても、いろいろな方が書いておられますが、この分野での私たちの研究もまだ途中であり、まだまだ沢山の事実が出てくるはずだと、私は思っています。

以上で私の話を終わります。ありがとうございました。

証言

私は中国愛国者を特移扱いとして
731部隊に送った

三尾 豊氏

元憲兵「私は中国愛国者を"特移扱"として731に送った」と証言。

こんにちは。私は中国帰還者連絡会の会員で、三尾と申します。私は満州で、「特移扱い」ということにして、国にとってや軍にとって都合の悪い人は、何の手続もしないで、司法的な書類を作成することなしに、いつでも、どこでも捕らえ、そして731部隊に送りました。

私が直接扱いました大連事件という、731部隊に関連した事件についてご報告します。1943年、昭和18年の6月に、「満州」86部隊、無電機捜査班が1943年の6月に大連の海岸の方から怪電波が発信されているというのをキャッチしまして、そして大連憲兵隊の外事班、外国関係の捜査をしている憲兵と合同で捜査を始めます。大連にソ連の無電の諜報員がいるということを大体キャッチして、そしてこれを1943年の10月1日午前2時、××省の中心地で写真館を経営している中国の人の家を包囲して、そして検挙するわけです。1軒の偽装の写真館を襲撃して逮捕するのに60名という憲兵が包囲す

▲ 미오 유타카의 일본 731 부대 전시에서의 증언

다고 생각했기 때문이다. 모든 어려움과 굴곡은 조만간 사라지고 곧 좋아질 것이라는 믿음으로 하얼빈에 계속 남아 731 부대 문제를 핵심으로 하는 대외 홍보 및 교류를 진행기로 하였다.'

태가트 머피는 일본의 굴레(Japan and the Shackles of the Past)에서 "일본의 과거에 대한 진정한 반성과 인정이 필수라고 한다. 정치적 책임자의 진심 어린 진실한 사과, 교육체계와 미디어에서 역사에 대한 객관적 정보를 제공할 때, 아시아의 일원으로 승인될 것이다."라고 일본의 통렬한 반성과 끊임없는 사고, 독일처럼 사과하지 못하는 일본을 질책하고 있다. 이렇게 731 부대 대원, 전임 총리, 일본 민간 단체의 사과가 이어지고 있다. 그러나 일본 정부의 공식적인 사과는 없다.

제16장
봉인된 미래 : 평화

평화는 '전쟁과 갈등이 없는 평온함'이 사전적 의미이다. 전쟁은 인간 사회가 대규모적 물리적 폭력과 사망이 발생한다. 평화는 폭력의 부재를 통해 이해될 수 있다. '어떠한 억압과 강요도 없이 자유를 누리는 상태'일 것이다. 평화에 대한 관심과 연구는 1940~50년대 시작이 되었다.

1945년 4월 5일, 미국 심리학자 2,038명은 '인간 본성과 평화(Human Nature and Peace)'의 성명서를 발표했다. "전쟁은 피할 수 있는 것이며 인간의 본성이 아니다. 세계의 어느 인종, 국가, 사회, 집단도 절대 호전적이지 않다."라고 했다. 이어서 "인종, 국가 집단 사이의 증오는 교육과 경험을 통해 통제될 수 있고 사람들은 다른 인종, 국가, 문화적 집단이 기본적으로 자신과 다르지 않음을 배울 수 있다."고 주장했다. 이들은 전쟁의 예방과 평화의 필요를 심각한 문제로 인식했다. 전쟁을 막기 위한 사회, 교육, 외교, 국제 정치 분야에서 체계적 접근이 이뤄져야 한다는 것이다.[5] 바로 이런 성명서를 발표했던 시기에 일본 군국주의는 731 부대를 활용하여 전쟁을 이기려고 발악했던 시기였다. 당시

---

5) 서보혁 · 장주진, 〈평화운동:이론, 역사, 영역〉, 진인진 출판사, 2018년, 21P

2천 명 이상 학자들의 서명은 평화의 필요성을 전 세계적으로 공감하고 있었다는 것이다. 이러한 노력이 국제적 평화연대의 노력으로 귀결된다.

평화를 위한 연대 교류는 중요한 의미가 있다. 일본과의 교류는 특히 더 중요하다. 사례를 살펴보면, 윤봉길 의사가 만든 농민조직 월진회가 있다. 월진회는 윤봉길 의사 순국지인 가나자와 시와 교류하고 있다. 가나자와는 아시아 침략의 역사를 고스란히 갖고 있는 곳이다. 상하이 침략의 주역이었던 제9사단의 본거지였다는 점은 앞에서도 밝힌 바 있거니와 관동군 방역급수부 제731 부대의 총책임자 이시이 시로 중장이 가나자와 대학 전신인 제4 고등학교 출신이다. ≪가나자와 대학 50년 편찬사≫를 보면, 이시이 시로는 이 학교에서 〈일본문화 강의〉를 담당했다.

731 부대가 어떤 곳인가? 하얼빈에 있던 부대로, 화학·세균전 준비와 살아 있는 사람을 대상으로 하는 인체실험으로 악명 높은 부대가 아닌가? 가나자와 의과대학의 수많은 의학 연구자가 중일전쟁에 관여하고, 인체실험에 참여하였다. 이렇듯 가나자와는 전쟁 가해의 책임을 떨쳐 버릴 수 없는 군사도시이다. 이러한 가나자와가 윤봉길 의사를 통하여 월진회와 교류하면서 동북아 평화와 공존의 상징으로 거듭나고 있다. 월진회는 1992년 가나자와에 윤 의사 암장지적비와 순국기념비가 건립된 이래 일본 '윤봉길 의사와 함께하는 모임(尹奉吉義士共の会)' 회원들과 매년 교류 방문을 하고 있다. 2009년부터는 한국의 월진회 회원들과 가나자와 월진회 지부회 회원 간 동북아평화심포지엄

을 개최하고 있다.

또한, '731 진열관'도 국제적 평화연대를 구성하여 활동하고 있다. 일본 ABC 협회의 교류가 가장 대표적이다. 또한 헤이룽장 외국어 학원에 평화자료관을 구성하여, 민간 평화 연구의 토대를 구축하였다. 731 진열관은 진청민 관장이 반평생 심혈을 기울여 연구한 결과이다. 진청민 관장은 동아시아 근현대사 발전에 대한 연구형 관장으로 임직하였다. 731 부대는 비록 9년간의 짧은 기간이었지만, 731 부대가 남긴 역사의 물음, 비인도적 잔학 행위는 인류 모두에게 인간의 본질에 대한 근본 질문을 하고 있다. 731 부대원이 던진 질문은 일생을 살아가며 우리는 어떤 상황에서 누구를 위해, 어떤 이유로 그리고 가장 잔혹하게 생명을 바치려 하느냐는 것이다.

731 부대의 죄증에 대한 일본 정부의 공식적인 인정은 없다. 다만 2007년 세균전에 대한 법적인 승소가 있고, 또한 일부 일본 교과서에 소개되고 있을 뿐이다.

그러나 731 부대 죄증만을 이야기한다면, 미래를 열어가는 길은 요원할 것이다.

'생명 존중과 인간다운 행복 추구'는 인간의 공통된 바람이다. 그런 측면에서 731 진열관의 존재는 대립할 존재가 아닌 인류 융합의 존재이다. 일본에 살고 있는 사람들에게 역사적 사실을 공유하고, 국가와 민족을 초월한 평화적 생존권을 실현하는 사상적 기반과 현장으로 731 진열관은 봉인된 미래를 열어가는 열쇠이다. 이것을 우리는 '평화'

라고 부른다. 단, 일본의 통렬한 역사적 과오를 인정하고 반성할 때 가능하다.

 일본 정부는 역사의 진실을 면대해야 한다. 평화로 가는 길은 역사의 끊임없는 사과부터이다. 이는 역사 화해로 이어진다. 미래의 길이다.

부록
731 부대 연표(1918 - 2025)

1918年

11월 일본 육군성 의무국(日本陆军省医务局)은 세균전(细菌战) 연구를 시작했지만, 이후 한동안 중단되었다.

1927年

일본 내각은 27일부터 7월 7일까지 도쿄에서 '동방회의(東方會議)'를 열고 만주 몽골 문제를 무력으로 해결한다는 방침을 정했다. 6월에 이시이 시로는 미생물학 전공으로 박사 학위를 받았다.

1928年

4월에 이시이 시로는 유럽, 아시아, 아프리카, 미국을 방문하여 세균전 관련 문제를 조사하기 시작했으며, 이는 2년에 걸쳐 진행되었다.

1931年

9월 18일 관동군(关东军)이 류탸오후사건(柳条湖事件)을 일으켜 '9·18' 사변을 일으켰다.

9월 20일 관동군은 선양시를 펑톈(奉天: 현 심양)으로 개칭했다.

11월에 관동군임시병마수용소(关东军临时病马收容所)가 펑톈에 설립되었다.

▲ 세균전에 대한 주장은 육군성군무국(陆军省军务局) 군사과장인 나가타 데쓰야마(永田鐵山) 대좌 등 지지를 받았다.

1932年
2월 5일 일본 관동군은 하얼빈을 침공했다.

3월 1일 위만주국(伪满洲国)이 성립되었다.

3월 15일 위만주국은 창춘(长春)을 신징(新京)으로 개칭했다.

8월 일본 육군군의학교(陆军军医学)는 방역연구실을 설립하고, 이시이 시로 지도아래 세균 무기 연구를 시작했다.

8월 이시이 시로와 마스다 도모사다(增田知贞) 등 4명의 연구자와 5명의 직원이 중국 동북 지역을 조사했다.

▲ 당해 이시이 시로는 세균배양상자(细菌培养箱)를 발명하고 인간용 백신을 생산한다는 이유로 특허를 출원했다.

▲ 이시이 부대는 위만라린(伪满拉林) 당국을 통해 베이인허(背荫河) 마을 주민 20여 거주 가구와 일성상(日盛祥) 잡화점, 왕가(王家) 과자점을 3일 이내에 모두 옮기도록 강제했다. 백여 칸의 민간 가옥을 강제 점령했다.

1933年

1월에는 관동군임시병마수용소를 신징관성자(新京宽城子)로 이전하고 세균실을 설치했다.

▲ 연초, 일본 육군군의학교 방역연구실이 확장되어 방역연구소(防疫研究所)로 개칭되었다.

▲ 봄, 이시이 부대는 헤이룽장성 우창현 베이인허에서 약 천 명의 노동자와 수백 대의 마차를 강제로 징발하여 베이인허 세균공장을 건설했다.

일본군은 8월 하얼빈 시 쉬안화(宣化) 거리와 원미아오(文廟) 거리 일대에 이시이 세균연구소(石井細菌研究所)를 설립해 '가모(加茂) 부대'로 명명하고, 이시이 시로가 부대장을 맡았으며, 부속 세균실험장은 70km 떨어진 헤이룽장(黑龍江)성 우창(五常)현의 베이인허에서 세균전의 연구·생산·인체실험을 시작했다.

9월 베이인허 '츄마청(中马城)'에서 감옥 폭동 사건이 발생하여 30명 이상이 탈옥하였다. 그중 12명이 탈옥에 성공하였다.

11월 16일, 관동군 부참모 엔도 사부로(長藤三郎)가 베이인허 세균공장을 시찰하고 독가스, 독액, 고압 전류 실험 상황을 관찰하여 2명을 살해했다.

12월 16일 라빈선 철도(拉滨线铁路)가 개통되어 핑팡역이 설립되었다.

1934年

▲ 여름 츄마청 무기 탄약고가 폭발했다. 이시이 시로는 '실화(失火)'를 이유로 '츄마청'의 이동 보고서를 일본 육군 본부에 제출하고 승인을 받았다. 얼마 지나지 않아 '츄마청'이 차례로 이주하여 장비를 철거하고 하얼빈으로 운송되었다. 일부는 하얼빈으로 이동했고 일부는 귀국했다.

8월 29일 철도 제3연대 제1대대 위생조장 무네무라 후미조(長種村文三)는 헤이허(黑河)선 천칭(陳淸)역에서 중국인 노동자 15명에게 세균을 옮기고, 죽인 말 100여 마리를 매몰시키고 죽은 말 1마리를 강물에 던져 오염시켰다.

10월 봉천헌병대(奉天宪兵队)가 파견되어 스핑(四平)에서 세균훈련에 참가했다.

1935年

이시이 부대는 핑팡역 북쪽 4km 지점에서 측량권 토지를 점유하였다.

1936年

3월에 우에다 겐키치(植田謙吉)가 관동군 사령관(关东军司令官) 겸 일본주 "만" 대사(日本驻"满"大使)로 취임했다.

8월 일본 히로히토(裕仁) 일왕이 발표한 칙령(敕令)에 따라 일본군 참모본부(日军参谋本部)는 이시이 부대를 확대 편성했다. 또한, 창춘시 멍자툰(孟家屯)의 '관동군수의방역부(关东军兽类防疫部)'인 와카마쓰(若松) 부대를 설립했으며, 이는 이후 만주 제100부대(满洲第100部队)이다.

▲ 이시이 부대가 핑팡 지구에서 중국인 노동자 1,000여 명을 강제 징용해 731 부대 건물을 대규모로 건설하였다.

1937年

7월 7일 루거우차오(卢沟桥) 사건, 일본의 중국 전역 침략 전쟁이 시작되었다.

1938年

일본군 관동헌병대사령부 경무부(关东宪兵队司令部警务部)는 26일 '특별이송'을 규정하고 시행하는 제58호 문건을 발송했다.

2월 갑1855(甲1855) 부대는 베이징시 톈탄(天坛)에 본부를 설치했다. 이후 이 부대는 톈진(天津), 탕구(塘沽), 장자커우(张家口), 바오딩(保定), 스자좡(石家庄), 타이위안(太原), 다퉁(大同), 윈청(运城), 지난(济南), 칭다오(青岛), 정저우(郑州), 신샹(新乡), 카이펑(开封), 바오터우(包头), 쉬저우(徐州), 디오산(碓山) 등 16개 도시에 사무소, 지부 또는 파견대를 차례로 설립하여 수십 명에서 100명 정도로 편성했다.

3월 29일, 국민혁명군(国民革命军) 제8로군(第八路军) 총지휘관 주더(朱德)와 부지휘관 펑더화이(彭德怀)는 전보를 쳐서 전국과 전 세계 사람들이 일본의 만행에 항의하고 일본군의 세균 살포 범죄를 저지할 방법을 모색할 것을 촉구했다.

5월에 헤이룽장성의 후린(虎林), 얼다오강(二道岗), 쑤이펀허(绥芬河) 등지에서 원인을 알 수 없는 질병이 발견되었으며, 당시에는 '후린열(虎林热)' 또는 얼다오강병(二道岗病)이라고 불렸다.

6월 30일 일본 관동군 사령부 군참모장은 '관동사령부 참모장 명령 제1539호(第一五三九号)'령 '핑팡 부근 특별군사지역 설치 건' ≪设立平房附近特别军事地区之件≫을 내렸다. 핑팡 지역의 40여 개 마을이 '특별군사구역(特别军事区域)'으로 지정되어, 현지 농민들이 즉시 대피하도록 강제하고 610헥타르의 농지를 점유하며, 부대 본부 주변 2km 범위는 '무인지대'가 되었다.

▲ 일본과 위하얼빈시공서(伪哈尔滨市公署)는 핑팡역 근처에 핑팡구 사무소(平房区事务所)를 설립하고, 일본군은 헌병분견대(宪兵分遣队)를 파견했다. 이후 헌병분대로 승격되었다.

7월에 일본군은 18개 사단의 방역급수부(즉, 세균 부대)를 설립하여 전쟁터의 각 사단에서 활동을 진행했다. 일본 군대의 활동 범위가 확대됨에 따라 기동 부대가 추가로 설치되었다.

8월에 일본군은 화북(华北)의 각 철도와 도로를 따라 마을 우물에 콜레라와 장티푸스균을 방류하여 4만에서 5만 명이 사망했다.

9월 7일, 광저우파자 제8604부대(广州波字第8604部队)가 창설되었다. 산하에 6개의 과가 설치되었으며, 화남(华南) 각 도시에 12개의 지부가 설립되었다.

9월에 이시이 부대 본부(핑팡) 건설 공사가 기본적으로 완료되었고, '가모 부대'가 핑팡으로 이전하여 '도고(东乡)' 부대로 개칭되었다.

10월 11일 주더, 펑더화이 전통문에서 일본군이 허난 북부(豫北) 지역에서 콜레라 및 말라리아 세균을 남발하여 나이황(内黄), 버아이(博爱) 등 현의 각 마을에서 백여 명이 감염되었다.

▲ 당년 이시이 부대는 '만철위생연구소(滿铁卫生研究所)'를 인수하여 '다롄위생연구소(大连卫生研究所)'로 이름을 변경했다.

1939年

2월 8일, 일본군은 매국노를 상인으로 변장시켜 만성 마약을 섞은 밀가루를 마잔산부야오(马占山部姚) 연장의 통신 소대에게 판매하여 통신 소대의 30명 군인을 사망에 이르게 했다.

4월에 난징영자 제1644부대(南京荣字第1644部队)가 설립되었다. 초대 부대장 이시이 시로는 상하이(上海), 쑤저우(苏州), 창저우(常州), 항저우(杭州), 지우장(九江), 난창(南昌), 안칭(安庆), 한커우(汉口), 웨양(岳阳), 이창(宜昌), 징저우(荆州) 등지에 12개 지부를 설립했다.

6월 19일 상하이발 전보에 의하면, 일본군이 병균을 퍼뜨리고 난민으로 가장하여 보온병을 휴대하고, 콜레라, 페스트, 디프테리아, 이질, 장티푸스 등 전염병 세균을 숨겨 광둥(粤), 광시(桂), 구이저우(黔), 쓰촨(川) 각지에 침투하여 설치 및 배포했다.

7월 12일, 이시이 부대는 쓰네이시 게이이치(碇常重) 소좌를 중심으로 한 '결사대(敢死队)'가 하라하(哈拉哈) 강에 다양한 세균액 22.5킬로그램을 살포했다.

7월 상순부터 8월 하순까지 이시이 부대는 사람을 파견하여 장티푸스, 콜레라 등의 세균을 장군묘(将军庙), 하이라얼(海拉尔) 등지로 운반하여 '노몬한전쟁'에 사용하였다.

8월 8일, 관동헌병사령부 경무부장 사이토 미오(齐藤美夫)는 관동군헌병대작전명령 제224호(关宪作命第224号)로 허베이(河北)에서 이시이 부대로 이송된 중국인 90명을 하얼빈과 쑨우(孙吴)로 압송하라는 명령을 내렸다.

8월 말, 이시이 부대는 노몬한전쟁에 두 번째 세균 공격을 감행했다.

9월 이시이 부대는 노몬한전쟁에 세 번째 세균 공격을 감행했다.

9월 7일 우메즈 미치로(梅津美治郎)가 관동군 사령관 겸 일본 주 "만" 대사로 취임했다.

9월부터 12월까지 중소 국경의 쑨우 지역에서 중국을 침략한 일본군 중 20명 이상이 '유행성 출혈열'에 감염되어 6명이 사망했다.

10월에 이시이 부대는 노몬한전쟁에 패퇴하였고, 일본군 세균 부대에서 40여 명이 세균에 감염되어 사망했다.

10월 2일, 관동군 제6군단 오기스 릿페이(荻洲立兵) 중장이 이시이 부대에 상장을 수여하고, 이시이 시로 등 노몬한전쟁 참가자를 표창했다.

10월 일본군 "독균밀모대(毒菌密谋队)"는 쑤이시(绥西) 지역의 민가와 우물에 세균을 살포했다.

▲ 당년, 다무라 료오(田村良雄)는 이시이 부대에 의해 소년 대원으로 모집되어 세균 생산 준비, 연구 개발 및 균주 제조 업무를 시작했다. 1943년까지 불완전한 통계에 따르면 그가 생산에 참여한 모든 종류의 박테리아는 600kg 이상에 달했다.

▲ 핑팡 병영 구역 건물이 기본적으로 완공되었고, 이시이 부대의 세균 연구 및 생산 작업이 전면적으로 시작되었다.

▲ 당년 이시이 부대는 사방 건물 지하 비밀공사를 하는 노동자 100여 명을 특별감옥(四方楼)에 투입해 '실험 재료로 활용했다.

▲ 당년, 이시이 부대와 673지대는 산해관(山海关)에서 이송된 60명의 포로를 활용하여 '유행성 출혈열' 연구를 수행했다.

1940年

▲ 당년 이시이 부대의 군비는 1,000만 엔을 넘었으며, 그중 700만 엔은 세균 제조 연구에 사용되었다.

▲ 당년 봄, 부대는 10명의 노인 노동자에게 이(虱子)를 키우게 하고 매일 100마리씩 제출하게 했다. 그들은 학대를 견디지 못하고 잇따라 사망했다.

▲ 이시이 부대는 신징新京(현 창춘), 눙안(农安) 등지에 페스트균을 살포했다.

6월부터 11월까지 눙안 페스트가 유행하여 551명이 발병하고 471명이 사망했다.

7월에 이시이 부대는 인근 콩밭(黄豆)에서 항공기에 장티푸스균액을 뿌리는 실험을 진행했다.

7월 26일 이시이 부대는 첫 원정을 수행했다.

8월 5일 이시이 부대와 난징 영자제1644부대(荣字第1644部队)가 합류했다.

8월 22일, 이시이 부대는 외부에 '관동군 방역급수부'라는 명칭을 사용했으며, 본부 산하에 제1, 제2, 제3, 제4, 총무, 교육, 기자재, 진료 등 8개 부대를 두고 있다.

9월에 이시이 부대 항공반은 장티푸스, 콜레라, 페스트, 탄저병 박테리아 270kg을 난징 및 화중지역(华中地区)으로 운송했다.

9월 23일 신징 페스트가 유행하기 시작하여 28명이 발병하고 26명이 사망했다.

9월 10일~10월 10일, 이시이 시로 원정대는 닝보(宁波), 취저우(衢州), 진화(金华) 등을 공격 목표로 삼고, 이후 위산(玉山), 원저우(温州), 타이저우(台州), 리수이(丽水)를 추가했다. 9월 18일부터 10월 7일까지 총 6번의 세균 공격이 있었다.

10월 4일, 이시이 부대 항공반 반장 마스다 미호(增田美保)가 비행기를 조종하여 취현(衢县)상공에 침입하여 페스트 벼룩을 살포했다.

10월 27일, 마스다 미호 약제 대위는 비행기를 이용해서 닝보(宁波) 상공에 페스트균에 감염된 벼룩을 뿌렸다.

10월 27일부터 11월 27일까지 닝보시에서 흑사병 환자가 발견되었고 11월 30일에 종료되었다. 106명이 흑사병으로 사망했다.

11월 중순에 국민정부위생서방역처(国民政府卫生署防疫处) 처장 룽치룽(容启荣) 등이 저장성(浙江省)을 방문하여 흑사병 유행 상황을 현장 조사하고 흑사병 방제를 실시했다.

11월 12일부터 12월 5일까지 취현에서 총 21명의 흑사병 환자가 발견되었으며, 모두 사망했다.

11월 28일, 일본군의 비행기 3대가 진화(金华)를 공습하고 페스트균을 투하했다.

12월 2일 '관작명갑 제398호(关作命甲第三九八号)' 명령에 따라 이시이 부대는 무단장 지대(牡丹江支队 643), 린커우 지대(林口支队, 162), 쑨우 지대(孙吴支队, 673)와 하이라얼 지대(海拉尔支队, 543)를 설립했다.

▲ 당년, 이시이 부대 원정대는 화중(华中) 일대에 70킬로그램의 장티푸스균과 50킬로그램의 콜레라균을 투입했다.

▲ 이시이 부대는 동상실험실을 세우고 동상연구반(冻伤研究班)을 설립했다.

▲ 관동군수의예방부대(关东军兽医预防部队)는 다롄, 하이라얼(이후 커산克山으로 이전), 자무쓰(佳木斯), 라구拉古(무단장시 인근) 등에 각 부대를 두고 있다.

1941年

1월에 관동군 헌병대 사령부 제3과장 요시후미(吉房虎雄) 중좌는 관동군 헌병사령관 하라 모리(原守) 소장과 함께 731 부대의 세균 연구실과 특별감옥 등을 방문했다.

2월 7일 일본군사위원회판공청(日军事委員会办公厅) 속달우편 전보에 따르면, 일본군은 바오터우(包头)에서 쥐를 매수하여 마리당 1위안에 10만 마리를 매수할 예정이라고 하였다.

▲ 당년 초, 일본군은 허시성 찬황현 주리촌(冀西赞皇县竹里村) 일대에 콜레라균을 살포했다. 4월까지 이 마을의 콜레라 환자는 60명이 넘었다.

3월 1일 이시이 시로(石井四郎)는 군의관 소장으로 진급했다.

4월에 위광저우시공무국(伪广州市工务局)은 난스터우(南石头 주강강변 광저우 교정장 북쪽, 珠江河畔, 在广州惩教场之北)의 일부 토지를 위광둥 세관항 검역소(伪粤海关港检疫所)로 수용했다.

5월 초순에 쓰네이시 게이이치 등은 안다 세균실험장(细菌实验场)에서 세균 폭탄 폭발 인체실험을 수행하여 12명을 살해했다.

6월 이시이 시로는 각 부처 장관 회의에서 731 부대가 페스트에 감염된 벼룩을 세균 무기로 사용하는 방법을 연구하여 세균전쟁을 수행했다고 발표했다.

7월 17일, 일본국제 반제 정보팀(日国际反帝情报组) 무단장 정보소(牡丹江宪兵队)가 무단장 헌병대에 의해 적발되었다. 주요 구성원인 장혜충(张慧忠), 장문선(张文善), 용계결(龙桂洁), 경은서(경자, 敬恩瑞(敬子和), 주지영(朱之盈), 경란지(敬兰芝), 손조산(孙朝山), 오전흥(吴殿兴)이 차례로 체포되었고, 용계결(龙桂洁), 경란지(敬兰芝)를 제외한 나머지 인원은 모두 이시이 세균 부대로 '특별이송(特別移送)'되었다.

9월 관동군 수의처장 다카하시 다카아쓰(高桥隆笃)는 제100부대에 비저병(鼻疽), 탄저병(炭疽热), 우역(牛瘟), 양두(羊痘) 및 반박병(班驳病, 선천성색소결핍피부병) 등 심각한 전염병의 세균을 대량 생산하라고 명령했다.

11월 4일 일본군 항공기가 창더(常德), 타오위안(桃源) 등지에 페스트균을 퍼뜨렸다.

11월 11일부터 1942년 1월 13일까지 후난성 창더에서 처음으로 흑사병이 유행했으며, 총 8건이 발견되었다.

11월 16일, 가모(石茂)는 중앙위생서 방역 대대를 이끌고 창더(常德)에 도착했다.

11월 18일, 후난성 위생처 주임인 덩이웨이(技正邓一)가 50여 명을 이끌고 창더에 도착했다.

11월 24일, 군정부의 진원구이(陈文贵)가 명령을 받아 '후난 창더 페스트 조사대(湖南常德鼠疫调查队)'를 이끌고 창더에 도착했다. 그들은 팀과 함께 의약품, 백신 및 검사 장비를 가져왔다.

2월 27일 일본군은 쑤이시 지역의 우물과 초원 등 주민 밀집 지역에 페스트균을 살포했다.

12월 8일, 일본군 1855부대의 시노다(筱田) 팀이 정생생물조사소(静生生物调查所)를 강점했다.

▲ 관동군 방역급수부와 관동군수의예방부(关东军兽医预防部)가 각각 번호를 사용하며 비밀리에 '제731 부대 제100부대(第100部队)'라고 불렀다.

▲ 당년 731 부대는 다롄 위생연구소에 약 70kg의 페스트균을 운송했다.

▲ 하얼빈시 샹팡 '보호원(保护院)' 수용소 설립했다.

▲ 당년 제100부대는 관동군 예하 부대에 군단 수의부대를 설립하여 각각 스핑(四平), 커산(克山), 둥안(东安), 지닝(鸡宁), 둥닝(东宁) 등 지역에 주둔시켰다.

1942年
1월 17일 일본군은 수이시 지역(绥西地区)으로 진격하여 세균을 살포했다.

1월 26일부터 3월 12일까지 수이시 지역에서 페스트가 대유행하여 200여 명이 사망했다.

▲ 당년 초, 일본과 위광저우시(伪在广州市) 허난(河南) 난스터우(南石头)에 광둥-홍콩 난민수용소(难民收容所)를 설립했다.

2월에 731 부대 이토(伊藤) 기술자가 독가스를 방출하여 7번 감방의 사람들을 모두 독살했다.

2월에 일본군은 허베이성 딩현 유웨이촌(河北定县油味村)과 주변 마을에 전염병 쥐를 방류했다.

2월에 일본군은 산시성(山西省) 타이구(太谷), 위서(榆社), 허순(和

順), 시양(昔阳) 등 현에 장티푸스균과 콜레라균을 살포했다.

2월부터 5월까지 제8604부대(第8604部队)는 도쿄군의학교에서 살모넬라 엔테리티디스 파라티푸스균을 공수하여 광저우 난스터우 광둥-홍콩 난민수용소에서 세균 공격을 가해 수만 명이 사망했다.

3월 31일, 중국위생서(中國卫生署) 서장 진바오산(金宝善)은 일본군이 중국에 세균을 살포한 상황을 보고서로 정리했다.

3월 24일부터 7월 1일까지 후난성 창더(湖南常德)에서 두 번째 페스트가 유행했으며, 총 31명이 발병했고 그중 29명이 사망했다.

4월 중국은 외교 경로를 통해 진바오산의 보고서를 세계에 공개했다.

5월 4일, 일본군의 비행기 54대가 바오산(保山)을 폭격하고 폭탄, 소이탄 및 콜레라균탄 300여 발을 투하하여 바오산 등 서부 윈난성의 수십 개 현에서 콜레라 대유행을 일으켰다.

5월 5일 남방군강자 제9420방역급수부(南方军冈字 第9420防疫给水部, 세균전 부대)가 싱가포르와 말레이시아에서 설립되었다.

5월 12일 바오산현(保山县)에서 전염병이 유행하기 시작하여 현 전체에서 6만 명이 장티푸스, 콜레라, 이질 등의 전염병으로 사망했다.

5월 30일, 일본군은 여러 차례 비행기를 파견하여 취현(衢县)에 다양한 세균 폭탄을 공중 투하했다.

▲ 731 부대는 아오모리현(青森縣) 가고시마현(鹿兒島縣)까지 107명의 소년 대원을 모집했다.

▲ 일본 헌병대는 핑팡 지역에 비밀리에 협동방첩반(协同防谍班), 약칭 협방반을 설립했다.

▲ 당년 여름, 하이라얼 지대는 목축민 후리(胡利)에게 균액을 주사한 후, 그를 고향인 후이허 바이인 아오라(辉河白音敖拉)에 풀어주어 이 지역에서 전염병이 유행하게 했고, 80명 이상이 사망했다.

6월부터 9월까지 731 부대는 장티푸스, 콜레라, 발진티푸스 및 기타 박테리아 140kg을 난징으로 운송했다.

7월 이시이 시로는 군비 횡령죄로 해임되었다.

7월부터 8월까지 제100부대 원정대는 중소국경(中苏边界)의 젤부러강 데르부르(结尔布勒河德耳布尔)강 일대에서 세균 감염 실험을 진행했다.

8월에 이시이 시로가 산시 제1육군 군의부 부장으로 전임되었다.

▲ 731 부대장직을 기타노 마사지가 승계했다.

8월 초 일본군은 산시성 우타이현(五台县) 마쯔강(麻子岗)에 2마리의 전염병 쥐를 방류하여 이 지역에서 흑사병이 유행하였고, 이 마을에서 48명이 병에 걸리고 35명이 사망했다.

8월 21일, 일본군이 취현에 침입한 지상 부대가 철수하기 시작했으며, 동시에 이시이 시로의 원정대는 각종 세균을 우물, 연못, 농경지, 주택에 살포하거나 음식에 넣어 사람들이 실수로 먹게 하여 전염병을 유행시키기 시작했다.

8월 하순에 일본군은 상라오(上饶), 광펑(广丰), 위산(玉山) 등 도시에서 대량의 페스트균을 살포했다.

8월 30일 일본군 항공기 3대가 허난성 난양(河南省南阳)에 페스트균을 살포했다.

9월 21일 일본군 비행기가 이우 장완향 충산촌(义乌江湾乡崇山村) 상공에 흑사병 박테리아를 퍼뜨려 300명 이상의 마을 주민이 사망했다.

10월에 노후교 장쑤 제1교도소(老虎桥江苏第一监狱) 포로수용소 소장인 모리타(森田) 중위는 100명 이상의 포로를 1644부대로 보내 세균 실험을 진행했다.

11월 일본군은 산시성 잉현(山西应县)의 염전에 세균을 살포하여 훈현(浑县)과 잉현(应县)의 주민들이 콜레라, 이질, 말라리아 등의 전염병에 걸리게 되었다.

12월 9일 일본 보건부 장관은 '유행성 출혈열'에 대한 협의 연구를 수행하고 공식적으로 '유행성출혈열'로 명명하고 989호 문서를 발행했다.

▲ 731 부대 원정대는 화중(华中) 지역에서 파라티푸스균과 탄저균 130kg을 사용했다.

▲ 731 부대가 쑹화강(松花江)의 작은 섬에서 비행기로 도자기 탄저병 폭탄을 투하하여 10명의 '마루타' 사람들에게 임시 야외실험을 실시했다.

▲ 당년 731 부대 노동대대는 9개 중대로 증가했으며, 인원은 2,000여 명이었다.

▲ 윈난성의 58개 현과 시에서 콜레라가 발생했으며, 총 발병 인원은 12만 명에 달하고 사망자는 9만 명이 넘었다.

1943年

1월 731 부대 제4부 제1과 과장 스즈키 게이유키(鈴木启之) 등은 항일 지하 직원 2명을 대상으로 페스트 균액 주입 실험을 실시하여 그들을 살해했다.

2월 11일, 펑톈 국제 반일 지하 정보 기지가 펑톈 헌병대에 의해 적발되었고, 자오푸위안(赵福元)과 스순천(史顺臣)은 특별이송, 731 부대로 이송되었다.

3월 12일 일본 관동헌병대 사령부 경찰부는 '특별이송'에 관한 제120호 문서를 발행하여 '특별이송' 대상의 기준을 확정했다.

3월 중순 산시성 곽현(山西崞县) 여단 사령부 강당 준위 이상이 참석한 강연회에서 화베이 파견군 제1군사령부 군의 부장 이시이 시로가 동상 치료법에 대해 강의했다.

4월 15일, 미국은 메릴랜드주 프레드릭의 캠프 디트릭에 세균전 연구 기지를 설립했다.

4월 17일 ≪의사회보(医事会报)≫에 따르면, 제1855부대는 벼룩 100g과 쥐 1,000마리를 생산하며, 12월 말에 1,000kg의 벼룩을 생산할 수 있다고 보고했다.

4월 731 부대 제4부대와 제3반은 5명의 중국인을 페스트균으로 인체실험을 관찰했다.

4월 일본군은 허베이성 링서우현샹(河北省灵寿县上), 샤스먼촌(下石门村), 뤼성좡(吕生庄), 시차터우(西岔头), 완스옌(万司言) 일대에 페스트균을 살포했고, 샹, 샤스먼촌에는 200여 가구가 있었으며, 전염병이 심각할 때는 매일 40~60명이 사망했다.

8월에 제1855부대가 베이징에 침입하여 콜레라균의 번식력을 실험하여 300명 이상이 사망했다.

▲ 북지나(北支那) 방면 군의부는 자동차를 이용해 지난 지부에서 16통의 장티푸스균을 운반하여 룽하이선(陇海线) 남쪽, 특히 징한선(京汉线) 일대에 장티푸스균을 살포하여 많은 주민이 장티푸스병으로 사망했다.

8월 131일 제1855부대 지난지부는 지난 헌병분대에서 온 팔로군 포로 11명을 불러 세균실험을 하고 해부했다.

8~10월 일본군은 스파추(十八秋) 루시(鲁西, 산동서쪽) 콜레라 전쟁을 일으켰고, 59사단장 호소카와 다다야스(细川忠康)의 지휘 아래 린칭현 샤오자좡(临清县小焦家庄), 린칭현 젠쓰카진(临清县尖冢镇), 난관타오(南馆陶) 북쪽 5km 모퉁이 등 3곳에서 차례로 웨이허(卫河)

제방을 파고 물을 방류했으며, 강에 다량의 콜레라 박테리아를 살포하여 루시(鲁西) 지역 랴오청(聊城) 등 18개 현에서 콜레라가 발생했다. 근거지 군민 20만 명 이상이 콜레라로 사망했다.

▲ 당년초 731 부대 위생병 고도(古都)는 이 부대 교도소 수감자들에게 장티푸스 전염 실험을 하라는 명령을 받고, 장티푸스균이 든 음료수 1kg을 희석하여 약 50명의 중국 죄수에게 나누어 주었다.

▲ 당년 봄 731 부대는 기타노 마사지의 지시에 따라 신징(新京)에서 부랑아를 데려와 비밀리에 해부 실험을 진행했다.

▲ 안다(安达) 공항 근처 푸본촌(富本村)에서 전염병이 유행했다. 증상은 구토와 설사이다. 마을 전체에는 100여 가구가 있고 70명 이상이 사망했다.

▲ 안다 특별실험장에서 탄저균 감염실험을 하던 100부대가 말 10마리를 숨지게 하고 그 자리에 말을 묻었다.

▲ 당년 여름 100부대 말 50마리를 실험해 독극물 투여하여 말 10마리가 즉사했다.

▲ 731 부대는 안다 실험장에서 폐차 탱크와 장갑차로 10여 명의 '마루타' 사람들을 대상으로 '인간 굽기(烤人)' 실험을 진행하였다.

▲ 당년 겨울, 731부대는 안다 특별실험장에서 페스트균 폭탄의 효능 실험을 진행했으며, 피실험자 30명이 도주하여 일본군의 총격을 받고 자동차에 치여 사망했다.

▲ 731부대는 안다정야(安达正亚) 거리에서 많은 거지를 잡아 동상실험을 진행하여 6명이 사망했다.

▲ 푸젠성(福建省) 페스트 대유행, 푸저우(福州), 창러(长乐) 등 31개 현시에서 환자 5,158명, 사망자 4,028명이었다.

1944年

▲ 당년 봄, 하이라얼 부대는 솔룬기(索伦旗, 현재 어원커족 자치기 鄂温克族自治旗) 이민수무(伊敏苏木)에 페스트 벼룩을 방류하여 100여 명이 사망했다.

2월에 다롄 위생연구소(卫生研究所)는 1명을 대상으로 생체실험(活体实验)을 진행했다.

6월부터 9월까지 제100부대의 히라사쿠라 젠사쿠(平櫻全作)는 별동반을 이끌고 씽안베이성(兴安北省)에서 다양한 정보를 수집하고, 중소(中苏) 및 중몽(中蒙) 국경 각 지역의 가축 수, 초목장, 도로 및 저수지 등의 상황을 조사했다.

7월 17일 야마다 오토조(山田乙三)가 관동군 사령관 겸 일본 주 "만" 대사로 취임했다.

7월 하이라얼 부대는 휘하 일대에서 세균실험을 진행하여 240명 이상이 사망했다.

▲ 당년 여름, 제1855부대는 펑타이(丰台) 포로수용소에서 3차례에 걸쳐 총 17명을 압송하여 각각 인체실험을 진행했다.

▲ 731 부대가 후룬베이얼(呼伦贝尔) 지역 우누얼(乌奴耳)에서 800여 명의 노동자를 이송하였다.

8월에 관동군 총사령관 야마다 오토조는 731 부대를 방문하여 부대 내 세균 무기 연구 및 대량 제조 작업을 조사하고, 세균 무기의 대량 생산 지속을 승인했다.

8~9월 제100부대는 러시아인과 중국인 7~8명을 대상으로 인체실험을 하고 이들을 살해했다.

10월 731 부대는 안다역 사격장에서 5명의 중국 전쟁 포로를 대상으로 페스트(페스트 벼룩 사용) 전염 실험을 했다.

11월에 스즈키 게이히사는 린현성(林县城), 허젠진(合涧镇), 둥야오(东窑), 린현(林县)성 북부 등 지역의 우물과 진흙 구덩이 등지에 콜레라균을 살포하고, 해당 지역 주민 100명 이상을 살해하라는 명령을 내렸다.

12월 731 부대는 안다 실험장에서 6명에게 탄저균 실험을 진행했다.

▲ 731 부대는 전투 준비 분산의 관점에서 고압 증기 멸균 탱크, 세균 배양 배지 상자, 건열 멸균 등의 장비와 세균 배양 배지 원료를 각 부대에 각각 발송하여 각 부대에 세균의 보존 및 배양을 요구하였다.

▲ 643 부대는 6구의 고압 증기 멸균 보일러와 75톤의 단백질 소화소, 액체, 소금 및 기타 영양액 제조를 위한 다양한 자재를 받았다.

▲ 당년 겨울, 요시무라(吉村)반은 출산한 지 얼마 되지 않은 소련 여성들을 대상으로 동상실험을 진행했다.

▲ 당년 연말, 린커우(林口) 지대는 3주 동안 첸전(千振), 자무쓰(佳木斯) 일대에서 5만 마리의 쥐를 포획했다.

▲ 당년, 731 부대는 일본 국내에서 새로운 장비를 운송했으며, 세균 배양은 컨베이어 벨트 시스템에서 수행하였다.

▲ 제8604부대의 페스트 벼룩 생산량이 월 10~15킬로그램으로 증가했다.

▲ 일본군은 윈난성에서 세균 공격을 감행하여 루이리(瑞丽), 완딩(畹町), 룽촨(陇川), 루시(潞西), 룽링(龙陵), 잉장(盈江), 량허(梁河), 텅충(腾冲), 스뎬(施甸), 바오산(保山), 융핑(永平), 다리(大理), 샤관(下关), 웨이산(巍山), 미두(弥渡), 샹윈(祥云), 화닝(华宁) 등지에서 페스트가 유행했다.

1945年

1월 731 부대는 안다 실험장에서 10명의 중국 전쟁 포로를 대상으로 괴저병 전염 실험을 진행했다.

1월부터 6월까지 린커우 162개 팀은 콜레라균 200개 시험관, 장티푸스균 370개 시험관, 파라티푸스균 A형 300개 시험관을 생산했다.

3월 1일, 이시이 시로는 731 부대로 복귀하여 부대장으로 임명되고 중장으로 진급했다.

▲ 당년초에 731 부대의 페스트균 생산 요구 사항이 300킬로그램 이상, 최고 요구 사항이 800킬로그램에 도달했으며, 300만 마리의 쥐를 추가로 수입할 계획을 제시했다.

2월 12일, 일본 관동군은 위만주국 흥농부(伪满洲国兴农部)에 족제비 계획을 제안하여 관할 각 성에서 그해 쥐 30만 마리를 포획하고, 협화회와 청년단이 협력할 것을 요구했다.

▲ 당년 봄, 이시이 시로는 731 부대가 태평양 전쟁에 파견한 나카도메 긴조(中留金藏) 등 5명의 장교를 위해 추모식을 열었다.

3~6월 731 부대는 578명의 '나이팅게일 특공대(夜莺特攻队)'를 비밀리에 구성했다.

4월 1일, 이시이 시로와 위만흥농협동조합중앙사 이사장 마쓰시마(松島)는 설치류 포획 협정서에 서명하여 족제비의 포획 및 매입 등의 사항을 규정했다.

6월 731 부대 특별감옥 7동에서 폭동 사건이 발생했으며, 이 부대 특별반원들은 독가스를 방출하여 7호 감옥에 감금된 모든 '범인'을 독살했다.

▲ 하얼빈 샹팡 헌병부대는 30명 이상의 소련인을 731 부대로 이송했다.

▲ 당년 여름, 히라사쿠라 젠사쿠는 북흥안성(北兴安省)에서 양 500마리, 소 100마리, 말 90마리를 채집했다. 그 후, 이 가축들을 하이랄 북서쪽 약 40km의 산악 지대로 운반하고, 각각 탄저병, 우역, 양두 등의 세균으로 전염시키며, 감염된 가축을 인근 목장에 배치했다.

6월부터 7월까지 무단장 지대는 박테리아 실험 학습 및 훈련에 참여하기 위해 731 부대 본부에 100명 이상의 인력을 파견했다.

7월 731 부대는 인근 농경지에서 벼룩 지수 조사 실험을 진행했다.
▲ 이시이 시로는 각 지부장 회의에서 각 지대가 쥐를 포획하고 번식시키는 데 전력을 다할 것을 지시했다.

▲ 하이라일 부대는 쥐 1만 3,000마리를 키웠다.

▲ 100부대 일군의관은 200명 노동자에게 강제 주사를 시행했다. 이로 인해 100명 이상이 발병하고 9명이 사망했으며, 나머지 감염자는 집으로 대피했다.

7월부터 8월 초까지 하이라일 부대는 두 차례에 걸쳐 10킬로그램 이상의 벼룩을 731 부대 본부에 파견했다.

7월 말부터 8월 9일까지 무단장 지대는 두 차례에 걸쳐 25kg의 벼룩을 731 부대 본부에 보냈다.

8월 8일 소련은 일본에 선전 포고를 했다.

8월 9일부터 11일까지 731 부대와 그 각 지대는 자료를 소각하고 기구 설비를 파괴하기 시작했다.

건물을 폭파하고 특별감옥의 '마루타'를 모두 독가스로 살해했다.

8월 15일 일왕은 무조건 항복을 선언하는 조서를 발표했다.

8월 11일부터 15일까지 731 부대의 2,500명이 일본으로 도망쳤고, 이시이 시로 등 상급 장교들은 비행기를 타고 도망쳤다.

8월에 제100부대는 말에게 세균 주사를 놓았고, 그 결과 인근 지역에서 말 비저병이 유행하여 많은 말이 사망했다.

8월 13~14일 제100부대는 장비를 모두 운반하고, 건물을 폭파하며, 기록 자료를 파괴했다.

8월 15일 제1644부대는 문서, 기구, 벼룩, 쥐를 태우기 시작하여 살아있는 사람까지 태우고, 이는 40시간 이상 지속되었다.

8월 16일 제1855부대는 실험 장비, 동물, 자료 등을 불태웠다.

8월 제8604부대가 패주하기 전에 박테리아를 생산하는 장비와 파일을 폐기했다.

▲ 위싱안총성(伪兴安总省) 참여관(参与官) 바이빈 하루미(白濱晴澄)와 후쿠치카구(福地加久) 경찰청장이 직접 부하들을 지휘하여

위싱안 의과대학(伪兴安医学院)의 세균실에서 페스트균을 꺼내 왕야묘(王爷庙)의 모든 곡물 창고에 넣었고, 동시에 곡물에 세균을 섞었다.

▲ 미군은 군용기로 기타노 마사지를 상하이 포로수용소에서 일본으로 데려오고, 그와 이시이 시로와의 진술을 주선했다.

8월 하순에 미국 디트릭 세균연구소의 세균학 전문가 머레이 샌더스 중령이 일본으로 조사하러 가라는 명령을 받았다.

11월 샌더스 보고서가 나왔다.

▲ 베이징 톈탄(天坛) 방역처 처장 탕페이판(汤飞凡)은 북지갑 1855부대가 점령한 톈탄 방역처를 인수할 때 일본 여성의 이름이 적힌 균주 6개를 발견했다.

▲ 당년부터 내몽골의 퉁랴오(通辽), 우란하오터(乌兰浩特), 아오한치(敖汉旗) 등지에서 페스트가 대유행하였다.

1946年
1월 연합군 최고통수부 대적정보부(盟军最高统帅部对敌情报部)가 이시이 시로를 발견하고 구금했다.

1월 19일 극동 국제군사재판소(远东国际军事法庭)가 설립되었다.

3월 2일, 도쿄 재판 국제검찰국 법무관 모로 대령은 국제검찰국 수석검사 키넌에게 ≪일중 전쟁(日中战争)≫ 양해각서를 제출하여 일본군이 세균전과 가스전을 벌인 사실을 설명했다.

톰슨은 4~5월에 일본으로 조사하러 갔다.

4월 29일, 전 1644부대원인 헤이즐바 오사무는 국제검사국에 '일본군 죄업증명서(日军罪业证明书)'를 제출했다.

5월 3일 극동 군사법정이 개정되었다.

5월 31일 톰슨 보고서가 나왔다.

6월부터 10월까지 731 부대 인근 각 마을에서 흑사병이 발생했다. 다둥징툰(大东井屯)에서 38명, 후얼다오거우툰(后二道沟屯)에서 42명, 이파위안툰(乂发源屯)에서 41명, 하얼빈시에서 14명이 사망했다.

1947年
4월 말, 테트릭 기지 선구자 실험 계획부 국장 노르베르트 프르는 일본으로 조사를 떠났고, 그는 이시이 시로 등 세균 전범들로부터 731 부대와 제100부대의 세균전에 관한 자료를 제공받았다.

9월 8일 미국 국무부가 맥아더 사령관에게 보낸 극비 전보는 이시이 시로 등 세균성 전범이 제공한 정보를 첩보 채널로 지정하고, 이시이 시로 등에 대해서는 전범 책임을 묻지 않겠다는 취지였다.

10월 28일 테트릭 기지 기술국장 에드윈 힐은 일본을 방문하여 8,000여 장의 슬라이드 및 비저병, 페스트, 탄저병에 관한 3권의 해부 보고서를 입수했다.

1948年
1월 도쿄 재판이 종료되었고, 미국의 보호 아래 일본의 세균 전범들은 재판을 피하였다.

1949年
▲ 당년 봄, 대광촌(大广村) 농민들이 100군 부대 '가축매몰장'에서 말뼈를 캐던 중, 매장 서쪽 1리쯤 떨어진 땅바닥에서 시신을 가득 발견하였다.

12월 25일부터 30일까지 하바롭스크에서 전 일본 육군 군인 12명이 세균 무기를 준비하고 사용한 혐의로 기소된 사건에 대한 재판이 열렸다.

1950年

2월 4일, 구소련의 ≪프라우다, 真理报≫는 사설을 통해 세계인들에게 "일본 전범의 범죄는 반드시 응분의 처벌을 받아야 한다."라는 호소를 보냈다.

7월 소련 정부는 전후 소련 내 노동 감화 캠프에 수감된 969명의 일본 전범을 중국 정부에 인계했다.

▲ ≪전 일본 육군 군인, 세균 무기 준비 및 사용으로 기소된 사건 재판 자료, 前日本陆军军人因准备和使用细菌武器被控案审判材料≫가 외국문서 출판국에서 출판되었다.

▲ 당년 가을, 중화인민공화국 동북인민정부 위생부(中华人民共和国东北人民政府卫生部)는 "하얼빈의 핑팡, 창춘의 멍자툰 일본 세균 공장 및 안다의 쥐자야오 특별실험장 보호, 保护哈尔滨之平房, 长春之孟家屯日本细菌工场及安达之鞠家窑特别实验场"에 관한 통지를 발표했다.

1953年

▲ 지린성(吉林省) 관련 부서에서 일본 관동헌병대 문서(关东宪兵队档案)를 발견했다.

1956年

▲ 하얼빈 지방지 사무실은 731 부대 유적지를 항공 촬영하여 9분간의 무성 영화 필름을 보관했다.

6월부터 7월까지 특별군사재판소는 각각 선양시(沈阳市)와 타이위안시(太原市)에서 45명의 일본 전범에 대해 공개 재판을 진행했다.

10월 9일 이시이 시로는 후두암으로 도쿄에서 사망했다.

12월 아키야마 히로시(秋山浩, 필명)의 저서 ≪731 세균 부대(731 细菌部队)≫가 일본 교토시 三一书房에서 출판되었다.

1981年

7월 19일부터 10월 3일까지 일본 작가 모리무라 세이이치의 작품 ≪악마의 포식(惡魔の飽食)≫이 ≪적기(赤旗)≫ 신문에 연재되었다.

10월 미국 기자 존 윌리엄 파월은 '원자과학자 코뮈니케(原子科学家公报)'에 '숨겨진 역사 (一段被隐瞒的历史)'를 기고하여 일본과 미국 간의 세균 무기 거래 사실을 폭로했다.

1982年

10월 덩리췬(邓力群) 중국 공산당 중앙서기처 서기 겸 중선부장은 문화부 브리핑을 보고 "일본 침략기의 만인갱, 난징대학살, 하얼빈의 일본군 세균공장 등을 중점 문화재 보호 단위로 보호"해야 한다고 지시했다.

12월 1일 하얼빈시 핑팡 문화재 관리소가 설립되었고, 이후 침화일군제731부대죄증진열관으로 변경되었다.

1983年

▲ 일본 게이오기주쿠대 대학원생 코지마 준로(小島俊郎)가 도쿄 간다(神田)의 헌책방에서 발견한 731 부대가 인체를 이용한 세균실험 보고서 2건. '황탄 사격으로 인한 피부 손상 및 일반적인 임상증상의 관찰 黃弾射击引起的皮肤伤害及一般临床症状的观察' 파상풍 독소 및 포자 접종 시 근육에 대한 '지속시간' 关于破伤风毒素及芽孢接种时的肌肉 '时值'를 발견했다.

1985年

13일 영국 독립TV에서 방영된 다큐멘터리 〈731 부대 - 천황은 알고 계십니까?〉

8월 15일 중국 침략 일본군 731 부대 죄증 진열관이 정식으로 외부에 개방되었다.

1989年

9월 중앙기록보관소 등에서 편집한 ≪일제의 중국 침략 기록 자료 선집 – 세균전과 독가스전(日本帝国主义侵华档案资料选编—细菌战与毒气战)≫을 중화서국에서 출판했다.

1991年

6월에 한샤오(韩晓)와 신페이린(辛培林)이 쓴 ≪일본군 731 부대 죄악사(日军731部队罪恶史)≫가 헤이룽장 인민출판사에서 출판되었다.

▲ 왕잔핑(王战平)이 편찬한 ≪정의의 재판(正义的审判)≫은 인민법원 출판사에서 출판 및 배포되었다.

1992年

5월 일본 시즈오카현 근대사연구회 회원인 다케우치 야스토(武内康人)는 다케하나 쿄이치(竹花京逸)의 저서 "벼룩, 쥐, 페스트균을 보다(见到跳蚤, 鼠和鼠疫菌)"를 발간했다.

1993年

▲ 마루야마 시게루(丸山茂) 전 8604세균 부대 검열반장은 ≪어떤 명목으로든 전쟁으로 가는 것은 죄악≫이라는 글을 통해 8604부대가 1942년 중국 광저우 난스터우 난민수용소(广州南石头难民收容所)에서 살모넬라 엔테리티디스(파라티푸스균)가 홍콩과 광둥 난민을 살해한 범죄를 폭로했다.

12월에 요시미 요시아키(吉見義明)가 필사한 일부 ≪정본일지井本日志≫가 아사히 신문에 발표되었다.

1994年

[미] 셸턴 H. 해리스 ≪사망공장 – 미국이 가린 일본 세균전 범죄≫가 출간되었다.

1995年

5월에 싱치(邢祈)와 천다야(陈大雅)가 편찬한 ≪신사겁난—1941년 창더 세균전기 辛巳劫难—1941年常德细菌战纪实≫가 중공중앙당교 출판사에서 출판되었다.

7월에 랴오닝성 기록관에서 편집한 ≪죄악의 "731"과 "100" 침략 일본군 세균 부대 기록 사료 선집 罪恶的"731"和"100"侵华日军细菌部队档案史料选编≫이 랴오닝 민족 출판사에서 출판되었다.

7월 31일, 광복 50주년을 기념하여 헤이룽장성 사회과학원과 일본 일중우호협회 등 기관이 하얼빈에서 "침략 반대, 평화 수호(反对侵略, 维护和平)" 좌담회를 개최했다.

9월 3일 닝보 세균전 유적지 기념비가 완공되었다.

11월 29일 중국 ≪문회보,文汇报≫는 미즈타니 쇼코(水谷尚子)가 정리한 전 1644부대의 이시다 신타로(石田甚太郎)의 임종 증언을 발표했다.

12월에 왕쉬안(王选)은 일본 변호사 쓰치야 고노리(土屋公献), 이치세 게이이치로(一瀨敬一郎) 등과 함께 저장, 후난 등지에서 소송 조사와 증거 수집을 진행하며 세균전 피해 상황을 조사하고 연구했다.

▲ 사동신(沙东迅)이 쓴 ≪8604의 수수께끼를 풀다, 揭开 8604之谜≫가 화성출판사에서 출판되었다.

1996年

11월 창더시 세균전 피해조사위원회(常德市细菌战受害调查委员会)는 세균전 피해자와 역사적 증인을 찾기 시작했으며 2002년 5월까지 창더시 주변 10개 현, 58개 향, 486개 마을을 조사하여 처음으로 7,643명의 사망명부를 결정했다.

1997年

6월에 궈청저우(郭成周)와 랴오잉창(廖应昌)이 쓴 ≪침화일본군 세균전기실, 侵华日军细菌战纪实≫이 베이징 옌산 출판사(北京燕山出版社)에서 출판되었다.

10월에 진청민은 헤이룽장성 기록관에서 일본군의 '특별이송' 기록 66건을 발견했다.

1999年

3월 취저우(衢州)시 위생국 위생지국은 '중국 침략 일본군 취저우 세균전 피해지역 일부 향·진 희생자에 대한 회고적 조사 侵华日军衢州细菌战受害区部分乡, 镇的死难者回顾性调查'를 조직하기 시작했다. 이 조사에서는 41개 향(거리) 중 270개 행정촌이 등록되어 시 전체 향·진(거리) 총수의 28.87%를 차지하였다. 조사에 따르면 일본군의 세균 공격으로 총 5,547명이 사망했으며 그 중 페스트 1,587명, 콜레라 1,008명, 장티푸스 및 파라티푸스 2,173명, 이질 515명, 탄저병 264명이 사망했다.

8월 2일, 헤이룽장성 인민정부 신문판공실은 기자회견을 열어 '특별이송' 파일에 관한 내용을 발표했다.

11월에 추밍쉬안(邱明轩)이 쓴 ≪죄증-침략 일본군 취저우 세균전 역사 사실(罪证-侵华日军衢州细菌战史实)≫이 중국 삼협출판사(三峡出版社)에서 출판되었다.

2000年

7월 하얼빈 TV와 731연구소는 공동으로 일본으로의 첫 번째 국제 증거 수집을 완료했다.

2001年

4월 중국 침화일군 731 부대 연구소가 중국 침략 일본군 731 부대 유적지가 위치한 하얼빈에 설립되었다. 연구소는 하얼빈시 사회과학원(哈尔滨市社会科学院)과 침화일군제731부대죄증진열관 공동으로 설립했다.

9월 6일, 지린성 기록관은 "중국 침략 일본군 '731' 부대 관련 기록 발표" 기자회견을 열고 '특별이송' 기록 자료를 발표했다.

9월 18일, 후난 문리학원(湖南文理学院) '세균전범죄연구소(细菌战罪行研究所)'가 정식으로 설립되었다.

10월부터 11월까지 731 부대 유적지 보호 개발 지도 소조와 하얼빈 신문 그룹(哈尔滨报业集团)이 공동으로 두 번째 국제 증거 수집을 진행했다.

12월에 헤이룽장성 기록보관소, 헤이룽장 대외우호협회(黑龙江対外友好协会) 및 일본 ABC 기획위원회가 중일 두 글자로 된 ≪731 부대 범죄의 확실한 증거-관동 헌병대 '특별이송' 기록, 731部队罪行铁证-关东宪兵队 '特別移送' 档案≫이라는 책을 공동 편집 출판하여 이 기록 자료를 공개했다.

2002年

8월 27일 일본 도쿄지방법원은 1심 최종 판결을 내렸으며, 제2차 세계대전 중 일본군이 세균 무기로 중국인을 살해한 사실은 인정하지만, 중국을 침략한 일본군 세균전 중국 피해자의 배상 요청은 기각했다.

10월에 추이웨이즈(崔维志)와 탕슈어(唐秀娥)가 쓴 ≪루시 세균전 대학살 폭로(鲁西细菌战大屠杀揭秘)≫가 인민일보 출판사에서 출판되었다.

12월 7일부터 9일까지 '세균전쟁 범죄 국제학술 세미나(细菌战罪行国际学术研讨会)'가 후난 창더 사범대학에서 개최되었다.

12월에 진청민이 쓴 ≪국제 증거 수집 731(跨国取证731)≫이 헤이룽장 인민출판사(黑龙江人民出版社)에서 출판되었다.

2003年

9월에 지린성 기록보관소(档案馆), 일본 일중근현대사연구회(日中近现代史研究会), 일본 ABC 기획위원회가 공동으로 편집하여 중·일 두 글자의 '특별이송' 내용을 반영한 ≪'731 부대' 범죄 증거-특별이송·방역 기록 편집('731部队' 罪行铁证-特别移送·防疫档案选编)≫ 책을 출판했다.

2004年

9월에 양위린(杨玉林), 신페이린(辛培林), 디아오나이리(刁乃莉)가 편찬한 ≪관동 헌병대 '특별 수송' 추적 일본군 세균전 인체실험 범죄 증거 조사 (关东宪兵队'特别输送'追踪-日军细菌战人体实验罪证调查)≫가 사회과학문헌출판사(社会科学文献出版社)에서 출판되었다.

2005年

7월에 윈난성 당안관에서 편찬한 ≪일본군의 중국 침략 범죄 실록 윈난 부분(日军侵华罪行实录云南部分)≫이 윈난인민출판사에서 출판되었다.

8월에 란웨이쥔(冉炜君)이 쓴 ≪악마의 전차(魔鬼的战车)≫가 쿤룬출판사에서 출판되었다.

9월 3일부터 5일까지 하얼빈 사회과학원이 주최한 중국 침략 일본군의 세균전 및 가스전 국제 세미나가 하얼빈에서 개최되었다.

2006年

10월 18일, 한국 비림원(碑林园)과 한국 충청대학교(忠清大学教)가 공동 주최한 일본군 731 부대 범죄 국제 세미나가 한국 청주에서 개최되었다.

11월 18일부터 19일까지 후난문리학원(湖南文理学院)과 세계항일전쟁사실유지연합회(世界抗日战争史实维护联合会)가 공동 주최한 '일본 세균전 범죄 국제학술 세미나(日本细菌战罪行国际学术研讨会)'가 후난문리학원에서 개최되었다.

2007年

9월 4일부터 5일까지 몽골 국방대학교(蒙古国防大学)와 중국 하얼빈 사회과학원(社会科学院)이 공동 주최하고 몽골 국방대학교가 주관한 "역사의 교훈과 현대 시대-2차 세계대전 중 화학 및 세균 무기 실험 국제 세미나(历史的教训和当今时代 - 二战期间化学和细菌武器实验国际研讨会)"가 울란바토르(乌兰巴托)시에서 개최되었다.

2008년 9월, 네 번째 중국 침략 일본군 731 부대 범죄 국제 세미나가 하얼빈에서 개최되었다.

2009년 9월, 일본 '전쟁과 의학 윤리(战争与医学伦理)' 검증 추진회가 정식으로 설립되었다.

2010년 8월, 다큐멘터리 ≪일본군 세균전(日本军细菌战)≫(1-8) CCTV에서 방영되었다.

2011년 11월, '중국 침략 일본군 제731 부대 구지 보호 조례(侵华日军第七三一部队旧址保护条例)'가 입법 통과되었다.

2012년 중국을 침략한 일본군 731 부대 구지가 '중국 세계문화유산 예비 명단(中国世界文化遗产预备名单)'에 선정되었다.

2014년 2월, 헤이룽장성 정부가 '중국 침략 일본군 제731 부대 구지 보호 계획(侵华日军第七三一部队旧址保护规划)'을 공식 발표했다.

2015년 5월, 제3차 '중국 침략 일본군 세균전 범죄 국제학술 세미나'가 후난성 창더에서 개최되었다.

2015년 8월, 침화일군제731부대죄증진열관 신관이 정식으로 외부에 개방되었다.

2015년 8월, ≪중국 침략 일본군 제731 부대 죄증실록≫ 60권이 출간되었다.

2015년 8월, 다큐멘터리 ≪제731≫이 CCTV에서 방영되었다.

2017년 8월, 다큐멘터리 ≪제731 부대의 진실: 엘리트 '의사'와 인체실험(七三一部队的真相 : 精英 '医者'与人体试验)≫이 일본방송협회 HNK에 의해 방영되었다.

2018년 7월, 다큐멘터리 ≪비밀 공개 · 제731(揭秘 · 七三一)≫이 CCTV에서 방영되었다.

2020년 9월 3일, '침화 일본군 세균전 문서 사료 특별전(侵华日军细菌战档案史料专题展)'이 731 진열관에서 외부에 전시되었다.

2025년 8월, 김월배, 림화 편찬의 ≪731 부대 역사의 법정, 비인도적 잔학 행위≫가 한국 헤르몬하우스 출판사에서 발간되었다.

저자 소개

김월배(金月培)

중국에서 20년째 거주하고 있다. 하얼빈 이공대학교 외국인 교수로서, 안중근 의사 유언을 반드시 실현해야 한다는 일념으로, 안중근 유해 발굴의 당위성과 선양을 알리고 있다.
평소 지론을 가지고 있다. "문제 제기는 누구나 할 수 있다. 그러나 해결책을 내야 한다. 그게 책임이다." 이렇게 안중근 의사 유해를 찾는 인생이 시작되었고, 하얼빈과 뤼순은 제2의 고향이 되었다. 침화일군제731부대죄증진열관 연구위원으로 일을 하고 있다. 안중근, 윤봉길, 신채호, 임시정부 등 공저를 가지고 있다.

림화(林花)

중국 도문 출신, 연길, 하얼빈에서 학업을 하였다. 본 죄증진 열관은 2002년부터 근무하였다.
현재 침화일군제731부대죄증진열관에서 전시 선전교육부 주임으로 근무 중이다. 아시아 학생들이 731 진열관에 와서 자유롭게 평화를 교류하는 날이 오기를 고대하고 있다.